Nah dran...

Gesundheit und Soziales

Werkrealschule Baden-Württemberg

Autorinnen:
Sandra Brenner
Dorothea Dümmel
Petra Meyer

Schroedel

Nah dran ...

Gesundheit und Soziales

Werkrealschule Baden-Württemberg

Unterrichtsmaterialien zu aktuellen Themen finden Sie unter:
www.schroedel-aktuell.de

Das Werk und seine Teile sind urheberrechtlich geschützt. Jede Nutzung in anderen als den gesetzlich zugelassenen Fällen bedarf der vorherigen schriftlichen Einwilligung des Verlages. Hinweis zu § 52 a UrhG: Weder das Werk noch seine Teile dürfen ohne eine solche Einwilligung gescannt und in ein Netzwerk eingestellt werden. Dies gilt auch für Intranets von Schulen und sonstigen Bildungseinrichtungen.
Auf verschiedenen Seiten dieses Buches befinden sich Verweise (Links) auf Internet-Adressen.
Haftungshinweis: Trotz sorgfältiger inhaltlicher Kontrolle wird die Haftung für die Inhalte der externen Seiten ausgeschlossen. Für den Inhalt dieser externen Seiten sind ausschließlich deren Betreiber verantwortlich. Sollten Sie bei dem angegebenen Inhalt des Anbieters dieser Seite auf kostenpflichtige, illegale oder anstößige Inhalte treffen, so bedauern wir dies ausdrücklich und bitten Sie, uns umgehend per E-Mail davon in Kenntnis zu setzen, damit beim Nachdruck der Verweis gelöscht wird.

© 2011 Bildungshaus Schulbuchverlage
Westermann Schroedel Diesterweg Schöningh Winklers GmbH, Braunschweig
www.schroedel.de

Druck A [1] / Jahr 2011
Alle Drucke der Serie A sind im Unterricht parallel verwendbar.

Redaktion: Marion Martens
Herstellung: Andreas Losse
Umschlag und Innenlayout: boje5 Grafik & Werbung Eckard Schönke, Braunschweig
Illustrationen: H.-J. Feldhaus, Münster
Satz: AndersARTig Werbung & Verlag GmbH, Braunschweig
Druck und Bindung: westermann druck GmbH, Braunschweig

ISBN 978-3-507-46345-5

Nah dran ... – *Gesundheit und Soziales*

Einleitung 6

ZUSAMMENLEBEN 8

Einstieg: Zusammenleben – eine spannende Herausforderung 10
Verstehen wir uns? 12
Die Sprache des Körpers 14
Das Eisbergmodell 15
Vier Seiten einer Nachricht 16
Kommunikation gestalten 18
Kommunikation gestalten: Aktiv zuhören 20
Konflikte gehören zum Leben! 22
Mit Konflikten umgehen 23
Methode: Mit Fällen arbeiten 24
Problemsituationen wahrnehmen und handeln 25
Soziale Einrichtungen bei uns 30
Vorbereitung einer Erkundung in einer sozialen Einrichtung 32
Methode: Die persönlichen Kompetenzen für die Teamarbeit einschätzen 34
Methode: Teamarbeit 36
Methode: Eventmanagement: Eine Aktion planen und durchführen 38
Berufssteckbrief: Sozialhelfer/-in bzw. Sozialassistent/-in 40
Ausbildungsberufe im Sozialwesen 41

ERNÄHRUNG UND BEWEGUNG 42

Einstieg: Fit werden – fit bleiben! 44
Wie gesund lebe ich? 46
Move your life – Bewegung im Alltag 48
Methode: Expertenbefragung 49
Wie fit bin ich? 50

Fitnessangebote recherchieren ... 52
Bewegungspausen in der Schule ... 54
Eventmanagement: Einen Fitnesstag an unserer Schule planen ... 56
Ernährungstypen auf der Spur ... 58
Wir kochen für andere! ... 60
Kochen für andere – Achtklässler bereiten für ihre Patenklasse ein Mittagessen zu ... 62
Fast Food vom Bäcker – schnelles Essen im Alltag ... 64
M **Methode:** Erkundung ... 65
Schulverpflegung – das i-Tüpfelchen einer guten Schule ... 66
Light-Produkte: genau hingeschaut! ... 68
Lebensmitteltrends ... 70
Werbung zeigt Wirkung ... 72
Berufssteckbrief: Koch/Köchin ... 74
Ausbildungsberufe im Bereich Hauswirtschaft, Ernährung, Sport und Bewegung ... 75

VuP VORSORGE UND PFLEGE ... 76

E **Einstieg:** Für mich und andere sorgen ... 78
Wer ist gesund? ... 80
Für mich selbst sorgen: Geht es mir gut? ... 82
Für mich selbst sorgen: Körperhygiene ... 83
Für mich selbst sorgen: Vorsorgeuntersuchungen ... 84
Für mich selbst sorgen: Sich vor Krankheiten schützen ... 86
M **Methode:** Erfolgreich Telefonieren ... 87
Für mich selbst sorgen: Richtig stehen, gehen, liegen, sitzen, bücken und heben ... 88
Für mich selbst sorgen: Ich fühle mich krank – was tun? ... 90
Für andere sorgen: Einen kranken Menschen pflegen ... 92
Für andere sorgen: Menschen in besonderen Lebenssituationen ... 94
M **Methode:** Von der Erkundung zur Bewertung ... 96
Für andere sorgen: Im Alltag Hilfe anbieten ... 97
Für andere sorgen: Ein Unfall ist passiert ... 98
Sicher durchs Leben: Versicherungen ... 100
Sicher durchs Leben: Hilfe – was soll ich versichern? ... 102
Sicher durchs Leben: Das neue Haus der Zukunftsvorsorge ... 103
Berufssteckbrief: Altenpfleger/-in ... 104
Ausbildungsberufe im Gesundheitswesen ... 105

 **NACHHALTIGKEIT UND VERBRAUCHERBEWUSSTSEIN** 106

E Einstieg: Entscheidungen haben Folgen 108
Nachhaltig konsumieren: Mehr als Geld, Geschmack und Zeit 110
Nachhaltigkeit: Mir und der Mitwelt zuliebe 111
Nachhaltig konsumieren: Jeder Anfang hat ein Ende 112
Produktionsverfahren unter der Lupe: Gemüse ist nicht gleich Gemüse 114
Produktionsverfahren unter der Lupe: Eier sind nicht gleich Eier 115
Produktionsverfahren unter der Lupe: Bio-Lebensmittel 116
Produktionsformen unter der Lupe: Fleisch ist Leben 118
Produktionsformen unter der Lupe: Fair produzierte und gehandelte Waren 120
Herkunft unter der Lupe: Leitungs- oder Mineralwasser? 121
Entsorgung unter der Lupe: Verbrennen, verwerten, vermeiden? 122
Konsumieren unter der Lupe: Fragen für alltägliche Kaufentscheidungen 124
M Methode: Testberichte als Einkaufshilfe nutzen 125
M Methode: Schülerinnen und Schüler testen Produkte 126
Nachhaltig konsumieren: Geräte unter der Lupe 128
Sich fortbewegen unter der Lupe 132
Reisen unter der Lupe 133
Freizeitverhalten unter der Lupe: Was Jugendliche in ihrer Freizeit machen 134
Freizeitverhalten unter der Lupe: Wir machen eine Klassenfahrt 136
Berufssteckbrief: Fachkraft für Lebensmitteltechnik 138
Ausbildungsberufe in Umwelt- und Naturschutz, der Lebensmittelproduktion
und Entsorgung und Recycling 139

Lexikon 140

Bildquellenverzeichnis 144

Arbeiten in den Wahlpflichtfächern – Gemeinsamkeiten

In den Klassen 8 und 9 könnt ihr in einem von drei Wahlpflichtfächern arbeiten.

So unterschiedlich die Namen der Wahlpflichtfächer auch sind, sie haben doch einiges gemeinsam:

1. Die Arbeit in den Wahlpflichtfächern soll euch helfen, eure Stärken weiterzuentwickeln.
2. Durch die Arbeit in den Wahlpflichtfächern erhaltet ihr Einblicke in verschiedene Berufsfelder. Dabei könnt ihr euch über Anforderungsprofile und Ausbildungsmöglichkeiten informieren.
3. In allen drei Wahlpflichtfächern könnt ihr für eine schulische oder berufliche Ausbildung wichtige Grundqualifikationen erlangen wie z. B.:
   - Arbeitsabläufe planen und durchführen,
   - Durchhaltevermögen zeigen,
   - mit anderen zusammenarbeiten,
   - Informationen beschaffen und auswerten,
   - Arbeitsergebnisse präsentieren,
   - Aktionen planen und durchführen
4. Die Themen der einzelnen Wahlpflichtfächer könnt ihr auch in der Projektprüfung bearbeiten und so anderen zeigen, was ihr gelernt habt.
5. Der Unterricht in den Wahlpflichtfächern findet nicht nur in der Schule, sondern auch in Betrieben, Geschäften, Sozialen Einrichtungen, Behörden, Beratungsstellen oder in der Natur statt.
6. Der Unterricht in den Wahlpflichtfächern hilft euch Entscheidungen zu treffen.
   a) nach der 9. Klasse eine berufliche Ausbildung beginnen
   oder
   b) die 10. Klasse der Werkrealschule und Berufsfachschule besuchen und den Mittleren Bildungsabschluss machen wollt.

Das Wahlpflichtfach „Gesundheit und Soziales"

> Ich habe mich für das Wahlpflichtfach Gesundheit und Soziales entschieden, weil mich andere Menschen interessieren und ich Altenpflegerin oder Erzieherin werden will.

Zusammenleben
Du erweiterst hier deine Fähigkeit mit anderen zusammen zu arbeiten, Konflikte zu lösen und gemeinsam Aktionen zu gestalten.

Ernährung und Bewegung
Du lernst, was du tun kannst, um dich durch Ernährung und Bewegung fit zu halten.

Wahlpflichtfach Gesundheit und Soziales

Vorsorge und Pflege
Du lernst, wie durch Vorsorge die Gesundheit gefördert werden kann.
Du lernst aber auch, was du tun kannst, wenn jemand Hilfe braucht.

Nachhaltigkeit und Verbraucherbewusstsein
Du lernst, wie du mit deinem Konsum von Produkten und in deiner Freizeit Rücksicht nehmen kannst auf die Umwelt.

Zusammenleben

Einstieg: Zusammenleben – eine spannende Herausforderung

Manchmal ist es schön, für sich und alleine zu sein. Aber immer alleine zu sein und sich nie mit anderen austauschen zu können – das wäre langweilig, ziemlich einsam und würde auf Dauer auch traurig und krank machen. Deshalb leben Menschen überall in Gemeinschaft zusammen. Das heißt, sie gestalten ihr Leben und ihr Arbeiten zusammen und stehen sich zur Seite. So können auch schwierige Lebenssituationen gemeistert werden! Doch das Zusammenleben will gelernt sein. Mit anderen zu reden, zu kooperieren, für seine Meinung und seine Rechte einzustehen, anderen Tipps und Hilfen zu geben ist nicht einfach. Häufig und schnell kann es zu Missverständnissen kommen, die auch leicht in Konflikt und Streit enden können.

In diesem Kapitel geht es deshalb darum zu lernen, wie Menschen sinnvoll miteinander reden und wie Gesprächssituationen gestaltet werden können, damit man sich versteht.
Ob es dir liegt, mit anderen Menschen umzugehen, kannst du herausfinden, indem du dich mit Problemsituationen und Lösungsmöglichkeiten auseinandersetzt und für andere Menschen aktiv wirst.

10.1 Stress mit den Eltern

„Eigentlich habe ich mich bislang ziemlich gut mit meinen Eltern verstanden. Aber in letzter Zeit habe ich nur Stress zu Hause. Es ist egal, was ich sage und mache: alles ist falsch. Bereits morgens, wenn ich zum Frühstück in die Küche komme, nörgelt irgendwer an mir herum. Entweder stimmt was mit meinen Klamotten nicht, ich schaue unfreundlich und genervt oder sonst was ist mit meinem Verhalten nicht okay. Eigentlich mache ich nichts anders als noch vor ein paar Wochen. Und trotzdem kracht es ständig. Ich weiß auch nicht, wie wir es wieder hinbekommen sollen, dass es zwischen mir und meinen Eltern friedlicher wird."

10.2 Seniorin in ihrem Zuhause

„Ich bin 84 Jahre alt und kann glücklicherweise noch alleine zu Hause leben. Damit das klappt, helfen mir meine Familie und Nachbarn beim Einkaufen und Putzen. Außerdem bekomme ich Unterstützung von einem häuslichen Pflegedienst. Das heißt, jeden Morgen kommt Frau Kowarsch und hilft mir beim Waschen und Anziehen. Es war nicht einfach für mich, dass eine Fremde mir so nahe kommt. Ich habe lange gebraucht, um mich daran zu gewöhnen. Jetzt bin ich sehr froh, dass es den Pflegedienst gibt. Aber eins gefällt mir nicht: Ich bin sehr traurig, dass Frau Kowarsch mit mir spricht, als wäre ich nicht mehr ganz richtig im Kopf. Dabei wollen doch nur meine Beine nicht mehr!"

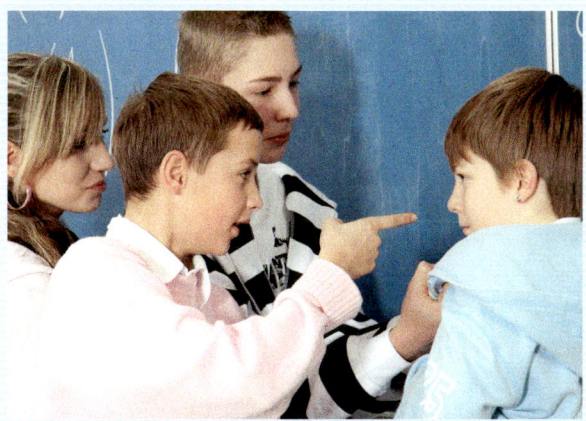

11.1 Luca wird bedroht.

„Meinem Sohn Luca geht es ziemlich mies. Er hört schlecht und muss ein Hörgerät tragen. Das war für ihn noch nie einfach. Dass andere Kinder und Jugendliche sich darüber lustig machen, ist er schon fast gewöhnt. Seit der fünften Klasse hat sich dann aber etwas verändert. Er geht nicht mehr gerne zur Schule, fühlt sich häufig krank und hat nachts schlimme Träume. Erst nach und nach habe ich herausgefunden, dass er von einigen Schülerinnen und Schülern in der Schule richtig fertig gemacht wird. Sie lachen ihn aus, bedrohen und beschimpfen ihn. Nun werden auch andere Klassenkameraden bedroht, weil sie sich mit Luca abgeben."

11.2 Jugendliche beim Nachbarschaftsbesuch

„In meinem Sozialpraktikum in einem Kindergarten habe ich festgestellt, dass es mir liegt und Spaß macht, mit anderen Menschen zusammen und für sie aktiv zu sein. Ich unterhalte mich einfach gerne und kann anderen auch ganz gut zuhören. Das haben mir auch die Erzieherinnen gesagt. Ich engagiere mich in meiner Freizeit nun bei der Nachbarschaftshilfe. Ich besuche einmal in der Woche eine ältere Dame und helfe ihr bei der Pflege ihres Lieblings, eines Wellensittichs. Bei schönem Wetter gehen wir manchmal spazieren, wir trinken oft Tee und essen Kuchen. Das macht Spaß."

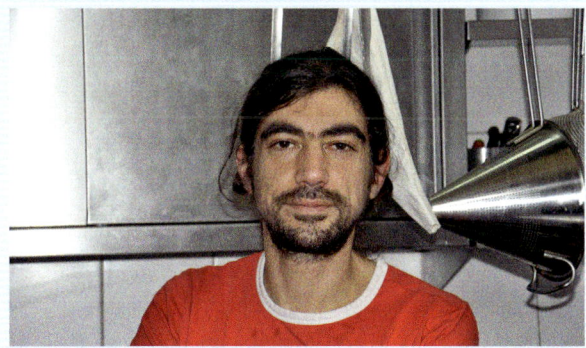

11.3 Restaurantbesitzer

„Ich führe ein kleines italienisches Restaurant in einem Stadtviertel, in dem es viele obdachlose Menschen gibt. Vor zwei Jahren in der Vorweihnachtszeit hat es mich sehr beschäftigt, dass es Menschen gibt, die selbst Weihnachten auf der Straße verbringen müssen. Deshalb ist seither am Heiligen Abend mein Restaurant geschlossen. Da lade ich Obdachlose dorthin ein, um mit ihnen Weihnachten zu feiern. Unterstützt werde ich von meinen Lieferanten, die mir die Lebensmittel dafür umsonst geben und von Freunden, die mir beim Kochen und Bedienen helfen."

Aufgaben

1. Welche ähnlichen Situationen fallen euch ein? Unterhaltet euch darüber.
2. Welche Möglichkeiten kennt ihr, wie das Zusammenleben gestaltet werden kann?
3. Was wird in eurer Klasse und an eurer Schule gemacht, um mit Konflikten umzugehen?

Verstehen wir uns?

Sobald wir auf andere Menschen treffen, kommunizieren wir mit ihnen. Es wird immer etwas mitgeteilt, ob bewusst oder unbewusst. Über Sprache, aber auch über unser Verhalten, durch Mimik, Gestik, per Stimme oder auch nur über das, was wir anhaben: wir senden Nachrichten, die unser Gegenüber entschlüsselt.

Wie verläuft Kommunikation?

Der Sender übermittelt über Sprache, aber auch über sein Verhalten, Nachrichten. Die Nachrichten werden dabei codiert, das bedeutet, sie werden „verschlüsselt".

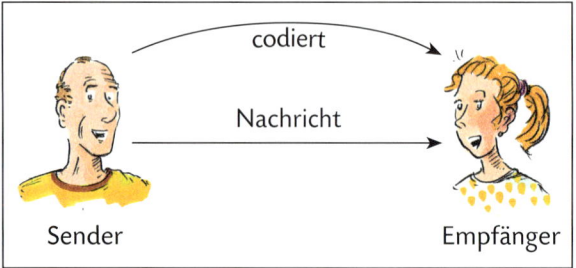

Der Empfänger muss die Nachricht dann decodieren, also „entschlüsseln". Über die Art, wie etwas gesagt wird oder wie die andere Person auftritt, werden die Nachrichten gedeutet.

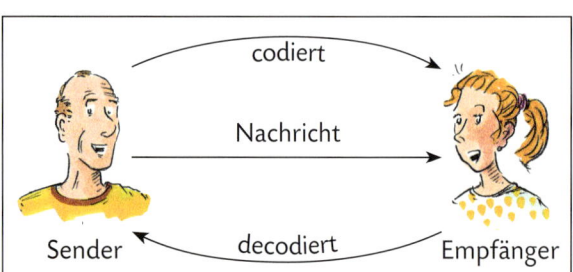

12.1 Sender sagt

12.2 Empfänger denkt

12.3 Empfänger sagt

Aufgaben

1. Schau dir die Fotostory an. Wie hätte Kathrin ihre Ausbilderin noch verstehen können? Wie hätte sie dann wohl reagiert?
2. Diskutiere deine Überlegungen.

Wie kommunizieren wir?

Der Austausch von Nachrichten zwischen Menschen findet über Sprache und Zeichen statt, also verbal und nonverbal.

```
            Zeichen der Kommunikation
              ↙                    ↘
         verbal                 nonverbal
  (durch Sprache vermittelt)  (durch Verhalten vermittelt)
              ↓                    ↓
   • Aussage               • Mimik
   • Stimmlage             • Gestik
   • Betonung              • Blickkontakt
   • Sprechge-             • Körperbewegung
     schwindigkeit         • Ausrichtung des
   • Pausen                  Körpers
   • ...                   • ...
```

Im direkten Gespräch bilden verbale und nonverbale Nachrichten eine untrennbare Einheit. Eine Kommunikation ohne Worte (z. B. Pantomime) oder ohne nonverbale Zeichen (z. B. Telefonat) ist möglich. Nachrichten zu decodieren ist nicht einfach, da Sprache und Zeichen verschieden gedeutet werden können.

Nachrichten ohne Worte

Die nonverbalen Anteile einer Kommunikation haben große Bedeutung, ca. 65 %–95 % einer Nachricht werden durch sie beeinflusst.

Anspannung? Wut? Konzentration? Humor? ?

Aufgaben

1. Deutet die Fotos. Was drücken sie aus? Begründet.
2. Diskutiert den Satz: „Es ist nicht so wichtig, was ich sage, sondern was mein Gesprächspartner versteht".

Die Sprache des Körpers

Mimik
Durch den Gesamteindruck unserer Gesichtsbewegungen werden bewusst und unbewusst Gefühle und Haltungen ausgedrückt.

Körperhaltung und -bewegung
Ob wir uns jemandem zu- oder abwenden, welche Position wir einnehmen, wie wir uns auf sie/ihn zu bewegen – wir drücken damit aus, welches Verhältnis wir zueinander haben.

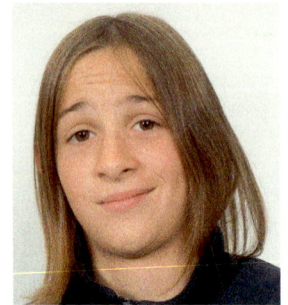

Stimmlage und Sprechpausen
Durch Tonlage, Stimmstärke, Stocken der Stimme usw. sagen wir viel über uns und die momentane Situation aus.

Blickkontakt
Unsere Augen sind die Tür zur Seele: Direkter Blick, gezieltes oder unabsichtliches Wegblicken, schüchternes Aufschauen – wir geben etwas von uns preis.

Gestik
Um das Gesprochene zu untermalen, werden Hände, Arme und Kopfbewegungen von uns eingesetzt und sagen gleichzeitig viel über uns.

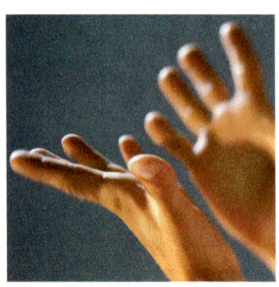

Körpersignale
Unsere Körpersprache können wir zum Teil steuern. Manchmal reagiert unser Körper aber mit Signalen, die wir nicht unter Kontrolle haben, z. B. Schwitzen, Erröten, Zittern, Gähnen …

Aufgaben

1. Notiert in Gruppen möglichst viele Gefühle und Stimmungen.
2. Drückt diese Gefühle und Stimmungen pantomimisch aus. Versucht gegenseitig zu erraten, was ausgedrückt wird.

Das Eisbergmodell

Im Kontakt und Austausch mit anderen Menschen geben wir – bewusst oder unbewusst – viel von uns preis. Das Eisbergmodell stellt dar, dass wir durch unsere Nachricht nur einen kleinen Teil aussprechen. Vieles, was unsere Nachricht beeinflusst, bleibt unter der Wasseroberfläche verborgen und häufig vom Empfänger interpretiert.

Die ausgesprochene Nachricht stellt die Spitze des Eisbergs dar. Das, was eindeutig und offensichtlich ist.

Etwa 6/7 des Eisbergs verbergen sich unter der Wasseroberfläche und sind unsichtbar. Der große und bedeutende, wenn auch unsichtbare Teil schwimmt immer mit. Er prägt die Botschaften einer Kommunikation. Da er unsichtbar und unbeachtet bleibt, kann er zu Missverständnissen führen.

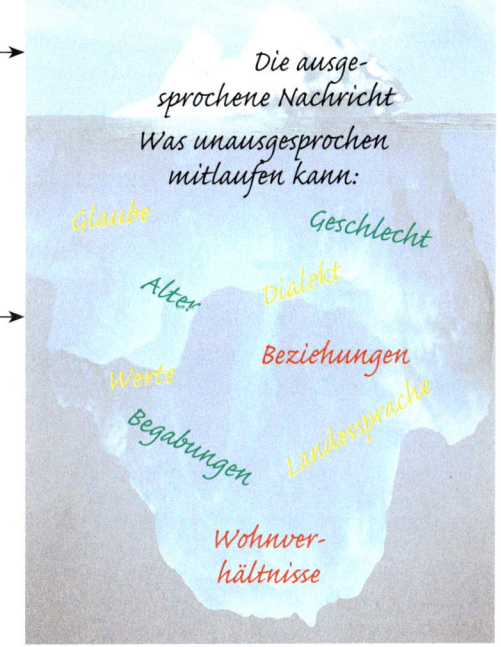

Jede Person ist anders

„Ich bin Hülya und lebe seit meiner Geburt in Karlsruhe. Meine Eltern kamen als Teenager aus der Türkei. Wir sind Muslime. Ich gehe gern ins Kino. Ansonsten bin ich eher still und ruhig."

Persönliche Einflüsse
Prägung durch nicht veränderbare Merkmale wie Aussehen, Geschlecht, Alter …

Soziale Einflüsse
Prägung durch äußere und veränderbare Dinge, wie Familie, Wohnort, Freunde, Beziehungen …

Kulturelle und religiöse Einflüsse
Prägung durch kulturelle Verhaltensweisen

Jede Person entwickelt im Laufe ihres Heranwachsens ihre Persönlichkeit und damit auch ihre eigene Art zu kommunizieren. Diese kann sich im Laufe des Lebens stark verändern. Sie wird durch Entwicklung und Erziehung sowie äußere Einflüsse geprägt. Drei Einflussbereiche bestimmen wesentlich die Persönlichkeit:

Aufgaben

1. Überlege dir, was dich beeinflusst und prägt. Tausche dich darüber aus.
2. Beschreibe einen Streit von dir mit einer Freundin oder einem Freund. Welche Gefühle, Stimmungen und welche Prägungen haben dich beeinflusst?

Vier Seiten einer Nachricht

In der Kommunikation werden Botschaften ausgetauscht. Der Psychologe Schulz von Thun unterscheidet vier Seiten, die jede dieser Nachrichten haben kann:
- Eine Nachricht sagt etwas über die **Beziehung** aus, zu der die Gesprächspartner zueinander stehen.
- Eine Nachricht hat **Appell**charakter und fordert dazu auf, etwas zu tun oder zu unterlassen.
- Eine Nachricht gibt etwas über die Kommunizierenden preis, d. h. sie beinhaltet eine **Selbstoffenbarung**.
- Eine Nachricht hat einen **Sachinhalt**.

Offen ausgesprochen wird häufig nur der Sachinhalt (offensichtliche Botschaft), aber alle anderen Botschaften schwingen unausgesprochen mit (uneindeutige Botschaften).

16.1 Eine Nachricht – vier Seiten

Der Sender teilt mit ...
Beziehungsbotschaft: Was ich von dir halte bzw. wie ich zu dir stehe. (Z. B. „Du ärgerst mich." oder „Wenn ich dir als Lehrerin die Aufgabe gebe, hast du sie auszuführen.")
Appellbotschaft: Was du tun sollst und was ich von dir erwarte. (Z. B. „Mach den Tafeldienst." oder „Halte dich an die Regeln.")
Selbstoffenbarungsbotschaft: Was ich von mir mitteile oder zu erkennen gebe. (Z. B. „Ich bin schlecht gelaunt." oder „Ich bin traurig.")
Sachinhalt oder -botschaft: Worüber ich informiere. (Z. B. „Die Tafel ist nicht geputzt.")

Mit der Eselsbrücke **BASS** kannst du dir die Seiten einer Nachricht merken.

16.2 Lehrerin möchte die Tafel nutzen

Beispiel:
Die ältere Schwester sagt ruhig und bestimmt zu ihrem Bruder: „Der Bus fährt gleich."

Durch ihr Verhalten und die Art, wie sie mit ihrem Bruder spricht, könnte sie neben der Sachinformation auch noch Botschaften auf den anderen drei Seiten übermitteln:

Beziehungsbotschaft:
Als Ältere darf ich dir sagen, was du tun musst.
Appellbotschaft:
Beeil dich!
Selbstoffenbarungsbotschaft:
Ich fühle mich für dich verantwortlich.
Sachinhalt:
Der Bus fährt. Du musst gehen.

Zusammenleben

Mit vier Ohren hören

Eine Nachricht kann auch vom Empfänger auf vier Ebenen interpretiert werden.

Da meist nur der Sachinhalt ausgesprochen wird, muss der Empfänger vermuten, interpretieren ... Dies führt häufig zu Missverständnissen und Äußerungen wie „So habe ich das gar nicht gemeint ...".

Beispiel:
Die ältere Schwester sagt ruhig und bestimmt zu ihrem Bruder: „Der Bus fährt gleich."

Obwohl der Inhalt gleich ist, kann der Bruder die Botschaft auch ganz anders interpretieren. Je nachdem, welches Ohr am „besten hört":

Beziehungsohr:
„Die denkt wohl, ich bin klein und doof und weiß nicht, wann mein Bus fährt."
Appellohr:
„Sie will mich loswerden! Wahrscheinlich nerve ich sie, wenn ich hier bin."
Selbstoffenbarungsohr:
„Die ist heute wieder richtig mies gelaunt! Dann spielt sie immer den Chef!"
Sachohr:
„Der Bus fährt. Ich muss gehen."

Der Empfänger hört auf dem ...
Beziehungsohr: Was denkt der andere über mich? Wie behandelt er mich? Wie steht der zu mir?
Appellohr Wozu fordert mich mein Gegenüber auf? Was will er bei mir erreichen? Was erwartet er von mir?
Selbstoffenbarungsohr Was ist das für ein Mensch? Wie geht es ihm? Welche Einstellungen hat der andere? Was sagt er über sich aus?
Sachohr Über was informiert mich mein Gesprächspartner? Worum geht es?

Aufgaben

1. Bildet verschiedene Gruppen. In den Gruppen überlegt ihr euch jeweils 3-4 Sätze, die ihr auf Karten notiert.
2. Beschreibt die vier Ebenen, die die jeweilige Aussage haben könnte.
3. Tauscht die Satzkarten der Gruppen aus, interpretiert und vergleicht die Gruppenergebnisse.

Kommunikation gestalten

Nachrichten senden, so ...   ... oder so

Du blöde Ziege! Bist du so doof oder warum schmeißt du mein Arbeitsblatt in den Müll?! Das gibt jede Menge Ärger!

Ich bin stinksauer, wenn du ohne nachzudenken einfach meine Sachen wegwirfst. Jetzt muss ich schon wieder nachsitzen und bekomme zu Hause jede Menge Stress.

Nachrichten beinhalten fast immer Gefühle und Einstellungen, Hoffnungen oder Ängste, Zweifel oder Frust ... Fast immer wird dies jedoch nicht direkt ausgesprochen. Häufig verpacken wir diese Botschaften, indem wir anderen Vorwürfe machen und uns hinter sogenannten Du-Botschaften verstecken.

Ich-Botschaften formulieren

Wenn ...   *... bin ich ...*
... weil ...   *... und ...*

Deine Ich-Botschaft enthält

Bezug zur Situation (Auslöser):
- „Darüber, dass du ..."
- „Wenn ..."

| Wahrnehmung |

Formulierung des eigenen Gefühls:
- „... bin ich wütend ..."
- „... bin ich enttäuscht ..."

| Wirkung |

Grund für die Gefühle:
- „... weil ich ..."

| Wunsch |

Erwartung an den Anderen:
- „... und ich möchte ..."
- „... und ich wünsche mir, dass ..."

| Begründung |

Aufgaben

1. Lest die Situationen genau durch.
2. Überlegt, wie ihr in beiden Situationen reagieren würdet. Worin liegt der Unterschied?

Zusammenleben

Du oder ich?

In meiner Streitschlichterinnenausbildung habe ich gelernt, wie man Ich-Botschaften formuliert. Das mache ich nun auch sonst öfter mal. Das hilft, wenn man richtig verstanden werden will.

Sich so kompliziert und umständlich auszudrücken – das ist nichts für mich! Ich rede so, wie mir der Schnabel gewachsen ist.

Ich hab es ja versucht, meine Gefühle in Ich-Botschaften auszudrücken. Das ist aber ganz schön schwer. Ohne Spickzettel bekomme ich das nicht hin – und wer hat diesen schon immer dabei?

Meine Mathelehrerin redet immer in Ich-Botschaften mit uns. Aber dann sagt sie so Sachen, wie „Clara, ich finde, du bist einfach faul!" Das ist doch wieder eine Du-Botschaft, oder?

Du-Botschaften verwenden wir automatisch im alltäglichen Sprachgebrauch. Ich-Botschaften dagegen müssen geübt und trainiert werden. Denn nur Übung macht den Meister!

Situationen zum Üben
Stell dir vor ...
- Du stehst im Supermarkt an der Kasse und eine ältere Frau drängelt sich vor.
- Du präsentierst im Unterricht ein Thema und wirst dabei beurteilt. Du bist mit der Beurteilung nicht zufrieden.
- Während deines Praktikums bekommst du nur langweilige Dinge zu tun.
- Du hast dich mit einer Freundin verabredet, die viel zu spät zum vereinbarten Treffpunkt erscheint.
- Ein Klassenkamerad hat sich von dir Geld geliehen und dir schon lange versprochen, es dir zurückzuzahlen.
- Du wirst von deiner Lehrerin ständig ermahnt und aufgefordert, den Mund zu halten. Du findest das nicht gerechtfertigt.

Aufgaben

1. Fasse in eigenen Worten zusammen, was Ich-Botschaften sind. Notiere in Stichworten.
2. Diskutiert die Aussagen zu Ich-Botschaften. Legt gemeinsam eine Tabelle an, in der ihr
   a) Vor- und Nachteile von Ich-Botschaften
   b) Vor- und Nachteile von Du-Botschaften zusammenfasst.
3. Trainiert Ich-Botschaften zu formulieren. Dabei könnt ihr folgendermaßen vorgehen:
   - Legt gemeinsam Situationen fest, mit denen ihr üben wollt.
   - Bildet Kleingruppen von 3–4 Personen.
   - Zwei Personen spielen die Situation, die anderen beobachten. Probiert dabei Ich- und Du-Botschaften aus.
   - Analysiert gemeinsam in der Klasse, wie ihr euch jeweils gefühlt habt.

Kommunikation gestalten: Aktiv zuhören

20.1 Beispielsätze beim Aktiven Zuhören

Im Gespräch mit anderen will man verstehen, was die Person, mit der man sich unterhält, eigentlich meint. Deshalb muss man zunächst zuhören. Dass beim Zuhören auch wirklich das verstanden wird, was von der erzählenden Person gemeint wurde, ist gar nicht selbstverständlich. Denn beim Zuhören deuten wir und diese Deutung muss nicht immer mit dem übereinstimmen, was eigentlich gemeint war.

Eine besondere Form des Zuhörens ist das „Aktive Zuhören". Dabei geht es darum, sich in die erzählende Person einzufühlen und mit eigenen Worten zu beschreiben, was bei einem selbst über den Inhalt des Gesagten angekommen ist und welche Gefühle man selbst beim anderen wahrnimmt.

Aktives Zuhören bedeutet:

Eine Beziehung aufbauen
Für eine ungestörte und für alle Beteiligten angenehme Gesprächssituation sorgen.
Wirkung: Das Interesse wird verdeutlicht, die erzählende Person fühlt sich ernst genommen.

Den Inhalt verstehen
Das Gehörte mit eigenen Worten zusammenfassen und herausfinden bzw. nachfragen, ob man richtig liegt.
Wirkung: Die erzählende Person fühlt sich verstanden und akzeptiert.

Die Gefühle ansprechen
Mit eigenen Worten ansprechen, welche Gefühle man beim Erzählenden wahrnimmt.
Wirkung: Die erzählende Person fühlt sich in ihren Bedürfnissen und Gefühlen angenommen.

Aktives Zuhören kann erleichtert werden, wenn die Gesprächstechniken „Wiederholen und Zusammenfassen", „Spiegeln" und „Feedback geben" angewendet werden.

Gespräche, in denen aktiv zugehört wird:
- sollten nicht zwischen Tür und Angel stattfinden: sie brauchen meist Zeit.
- sollten an einem Ort geführt werden, an dem niemand sonst aus Versehen zuhört.
- sollten durch die Körperhaltung verdeutlichen, dass Interesse und Offenheit für das Gespräch besteht.
- behandeln oft sehr Persönliches. Ohne Zustimmung sollte niemand sonst davon erfahren.

20.2 Zwei Schüler in einem Gespräch

Aufgabe

Überlegt, für welche Art von Gesprächen Aktives Zuhören sinnvoll ist.

Gesprächstechniken des Aktiven Zuhörens

Wiederholen und Zusammenfassen
Beim Wiederholen und Zusammenfassen werden die Gesprächsbeiträge der anderen Person sinngemäß und mit eigenen Worten wiederholt bzw. zusammengefasst. Man muss dafür genau zuhören und auch auf scheinbare Kleinigkeiten achten. Durch die Wiederholung sollte nachgefragt werden, ob das Gesagte auch richtig verstanden und wiedergegeben wurde. Dabei können Kontrollfragen helfen. Sie vermitteln der anderen Person auch Interesse und Wertschätzung.

Mögliche Kontrollfragen:
- „Wenn ich dich/Sie richtig verstanden habe, dann ...
- „Ich habe bei dir/Ihnen herausgehört, dass ... Stimmt das so?"
- „Bei mir ist angekommen, dass ... Habe ich das richtig gehört?"
- „Verstehe ich dich/Sie richtig, du meinst/Sie meinen, dass ..."

Spiegeln
Beim Spiegeln geht es darum, die Gefühle der anderen Person, die man selbst wahrnimmt, in Worte zu fassen. Man spiegelt die Gefühle. Beim Spiegeln versucht man zuerst, sich in die Gefühlswelt der anderen Person hineinzuversetzen:
- Wie könnte er/sie sich wohl fühlen?
- Welcher Wunsch bzw. welches Bedürfnis könnte hinter den Äußerungen stecken?

Die vermuteten Gefühle werden daraufhin angemessen angesprochen. Dies wird nicht als Frage formuliert. Durch das Spiegeln erfährt die andere Person, dass Interesse an ihr und dem Gespräch besteht und dass sie und ihre Gefühle ernst genommen werden. Wenn die Gefühle nicht ganz genau getroffen werden, ist das nicht schlimm. Die andere Person kann dann korrigieren.

Beispiel:
- „Das, was Lisa zu dir gesagt hat, hat dich geärgert. Du möchtest, dass sie dich in Ruhe lässt. Du bist jetzt ziemlich verletzt."
 „Nein – ich bin einfach nur stinksauer!"

Feedback geben
Das Feedback informiert darüber, wie (nonverbale) Botschaften im Gespräch ankommen. Dabei können Dinge ganz unterschiedlich eingeschätzt werden. Um Rückmeldung geben zu können, ist es wichtig auf Signale zu achten (z. B. ständiges Gähnen, auf die Uhr schauen, wegblicken). Der anderen Person wird mitgeteilt, wie sie auf einen selbst wirkt, wie man zu ihr steht, wie man über sie denkt...
Rückmeldungen können positive und negative Nachrichten beinhalten. Wenn sie achtsam und wertschätzend in Worte gefasst werden, können sie im Gespräch hilfreich sein.

Möglichkeiten der Rückmeldung:
- Selbstmitteilung: „Deine Bemerkung ärgert mich."
- Wirkung/Eindruck: „Du wirkst auf mich sehr nervös."
- Beschreibung: „Ich bemerke, dass du schon lange nichts mehr gesagt hast."
- Äußerung zur Situation: „Ich kann jetzt nicht mehr zuhören."
- Gesprächshinweis: „Du hast mich jetzt schon öfter unterbrochen."
- Wunsch: „Ich würde gerne eine Pause machen."
- Wertschätzung: „Ich unterhalte mich gerne mit dir."

Aufgabe
Übt in Dreiergruppen das aktive Zuhören.

Konflikte gehören zum Leben!

22.1 Mögliche Konfliktsituationen im Alltag

Jeder kennt es: ab und zu gibt es Zoff und Streit. Überall, wo Menschen aufeinander treffen – ob in der Familie, in der Schule, im Verein usw. – treten Konflikte auf. Diese können durch unterschiedliche Interessen oder Vorstellungen von einzelnen Personen oder Gruppen entstehen.
Auch die Tatsache, dass nicht alle Menschen die gleichen Mittel und Möglichkeiten haben, kann zu Streit führen.

Bei einer Umfrage in der 8. Klasse der Ludwig-Uhland-Werkrealschule verfassten die Schülerinnen und Schüler folgende Definition, was für sie ein Konflikt ist:

„Es handelt sich immer dann um einen Konflikt, wenn mindestens zwei Personen etwas Gegensätzliches wollen oder denken. Dann stoßen unterschiedliche Bedürfnisse oder Meinungen aufeinander. Wird dies offen gezeigt, kann es zum Konflikt oder sogar zum Streit kommen. Dann wird häufig provoziert, beleidigt, über den anderen bestimmt, bedroht und Schlimmeres."

Konflikte kann man wahrnehmen:

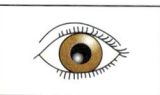
- Körperhaltung der Beteiligten
- Gesichtsausdruck
- Blickkontakt verweigern

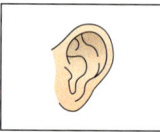
- Lautstärke der Stimme
- Tonfall der Stimme
- Plötzliche Stille
- Vorwürfe, Anfeindungen

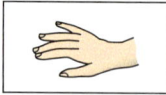
- Gefühl der Einengung
- Verkrampfen des Körpers
- Angst, Panik

Aufgaben

1. Kommentiert die auf den Fotos dargestellten Situationen.
2. Welche Konflikte aus eurem Leben fallen euch ein? Beschreibt diese.
3. Findet eine für euch passende Definition, was ein Konflikt ist.

Mit Konflikten umgehen

Grundsätzlich gibt es vier verschiedene Handlungsmöglichkeiten zum Umgang mit Konflikten. Daraus entstehen Ergebnisse, die unterschiedliche Reaktionen auslösen.

Kampf
- Der Gegner wird vernichtet.
- Der Gegner wird gezwungen, sich zu unterwerfen.

Der Sieger fühlt sich gut. Der Verlierer kann sich gedemütigt, oft sogar ohnmächtig fühlen. In vielen Fällen geht der Verlierer wütend und aggressiv aus dem Streit. Auf jeden Fall ist der Konflikt in seiner Ursache nicht gelöst.

Flucht
- Einer oder sogar beide verlassen das Geschehen, ohne dass eine Lösung oder ein Kompromiss gefunden wurde.
- Einer unterwirft sich freiwillig.

Beide Konfliktparteien haben ihre Lösung nicht durchgesetzt. Sie können aggressiv, traurig oder unzufrieden sein. Auf jeden Fall ist der Konflikt auch hier nicht in seiner Ursache gelöst.

Gesetze/Regelwerke
- Gesetze und andere Regelwerke bilden die Grundlage.
- Durch einen unabhängigen Dritten wird auf dieser Basis der Konflikt gelöst.

Die Streitenden müssen sich an die festgelegten Regeln halten. Hier kann es Sieger und Verlierer geben. Die eigentliche Ursache des Konfliktes kann jedoch auch weiterhin ein Problem darstellen.

Aushandeln
- Gemeinsam wird eine Lösung für den Konflikt gefunden.
- Um eine Einigung zu finden, kann ein unabhängiger Dritter die Konfliktgegner unterstützen (z. B. Streitschlichter).

Die Konfliktgegner können gemeinsam eine Entscheidung fällen oder sich auf einen Kompromiss einigen. Sie gehen aufeinander zu und einigen sich. An der Ursache des Konfliktes wird gearbeitet.

Durch Aushandeln einen Konflikt lösen

Die Konfliktlösung in vier Schritten hilft Streitenden, Kompromisse zu finden.

1. Standpunkte klären – Interessen benennen
Die Streitenden legen ihre Sichtweise des Konfliktes dar. Dabei unterbrechen sie sich nicht.

2. Nachfragen – die Sichtweise des Anderen verstehen
Nacheinander befragen sich nun die Streitgegner, um den Standpunkt des oder der anderen besser zu verstehen.

3. Lösungsangebote machen
Jeder überlegt für sich, zu welchen Lösungen er oder sie bereit wäre. Diese Angebote werden dann notiert.

4. Sich einig werden
Beide Lösungsangebote werden verglichen. Nicht vorstellbare Lösungswege werden gestrichen. Die übrig bleibenden Möglichkeiten werden verglichen und abgewogen. Die Streitenden formulieren ihre gemeinsame Lösung.

Aufgabe

Überlegt euch eine Konfliktsituation. Simuliert die vier Handlungsmöglichkeiten durch Rollenspiele.

Methode: Mit Fällen arbeiten

Um zu lernen, Situationen einschätzen und bewerten zu können, Lösungen zu finden und Entscheidungen zu treffen, ist es sinnvoll, sich gezielt mit vorgegebenen Situationen auseinanderzusetzen. Durch die Beschäftigung mit diesen sogenannten Fallbeispielen kann man auch Strategien entwickeln, wie man selbst in ähnlichen Situationen vorgehen könnte bzw. wie man andere Menschen in ähnlichen Lebenslagen unterstützen und beraten könnte. So geht ihr vor:

1. Der Fall: Was ist passiert?
- Lesen und Verstehen der Fallbeschreibung:
    - Wie wird die Situation dargestellt?
    - Wer ist daran beteiligt?
    - Was ist das Problem?
- Sollte zusätzliches Material zur beschriebenen Situation vorhanden sein, muss auch dieses gelesen und verstanden werden.
- Das Problem erfassen:
    - Was ist die Ursache für das Problem/den Konflikt?
    - Wie stellt sich die Situation für die Beteiligten dar?
    - Welche Ziele haben die Beteiligten?
    - Was für Vorstellungen haben die Beteiligten?

2. Informationen einholen, analysieren, bewerten
- Die vorliegenden Informationen werden zusammengestellt.
- Nach Möglichkeit werden weitere Informationen recherchiert und eingeholt, z.B. durch
    - Erkundungen,
    - Zusammentragen von Informationen und Meinungen (auch durch Internetrecherchen),
    - Befragen von Experten.
- Analyse der Informationen
    - Nebeneinanderstellen der Informationen,
    - Prüfen auf Wahrheitsgehalt
- Bewerten der Informationen
    - für den Fall wichtige Informationen von unwichtigen trennen,
    - überlegen, ob der Faktor Zeit eine Rolle spielt.

3. Welche Lösungen sind denkbar?
- Anhand der vorliegenden Informationen wird nun nach verschiedenen Lösungen für das vorliegende Problem gesucht.
    - Es werden unterschiedliche Alternativen aufgeschrieben, die noch nicht bewertet werden.

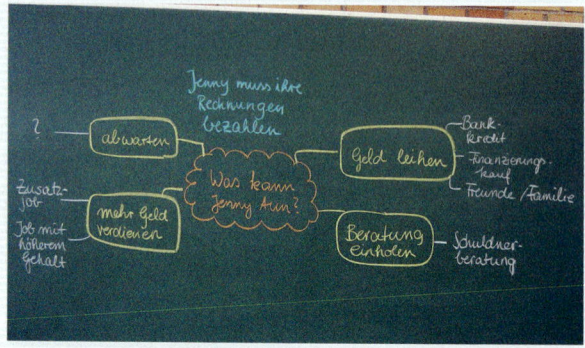

24.1 Alternativen können über eine Mind-Map dokumentiert werden.

4. Eine Entscheidung treffen
- Die aufgestellten Lösungsmöglichkeiten werden nun verglichen.
- Für jede Alternative werden Vor- und Nachteile benannt.
- Zusätzlich werden die zu erwartenden Folgen überlegt.
- Auf der Grundlage einer Entscheidungsübersicht werden Vorteile, Nachteile und Folgen für die einzelnen Betroffenen und die Gesamtsituation gegenübergestellt, diskutiert und bewertet.

	Vorteile	Nachteile	Folgen
Lösung 1			
Lösung 2			
Lösung 3			

- Auf der Grundlage der gründlichen Analyse der möglichen Lösungen erfolgt dann eine Entscheidung, die nach Möglichkeit schriftlich festgehalten wird.

Problemsituationen wahrnehmen und handeln

Was soll Marvin machen?
Yannik, Lukas, Hamit und Max pöbeln gerne Leute an. Sie sind Schüler einer achten Klasse. Die meisten Schülerinnen und Schüler haben Angst vor ihnen. Die vier finden das cool. Wenn einer der vier mal etwas zurückdreht, sorgen die anderen dafür, dass wieder was geht. Ihr Klassenkamerad Marvin fährt täglich mit der U-Bahn zur Schule. In der gleichen Bahn fahren regelmäßig Yannik, Lukas, Hamit und Max sowie Lea, eine ältere Mitschülerin. In der U-Bahn haben die vier Marvin beschimpft und beleidigt. Marvin sah keine Chance, sich dagegen zu wehren. Lea hat das Ganze beobachtet, aber nicht eingegriffen. Um der Situation zu entfliehen, hat Marvin daraufhin beschlossen, die U-Bahn zu verlassen. Yannik, Lukas, Hamit und Max gaben jedoch nicht auf, ihn zu bedrängen, sondern sind ihm gefolgt. Auf dem Bahnsteig wurde Marvin von Yannik und den anderen zusammengeschlagen. Lea hat dies aus der abfahrenden U-Bahn zum Teil beobachtet.

25.1 Marvin wird verprügelt.

Thomas muss handeln!
Seit ein paar Monaten hat Thomas ziemlich Probleme mit seiner Verdauung. Nach dem Essen ist ihm häufig schlecht, er fühlt sich schlapp und er leidet unter ständigem Durchfall. Nach mehreren Arztbesuchen wurde nun festgestellt, dass er eine Unverträglichkeit gegen Gluten entwickelt hat. Wenn er sich wieder wohl fühlen und gesund bleiben will, muss er seine Ernährung umstellen.
Thomas weiß nicht, was er machen soll. Er liebt das Essen, das zu Hause gekocht wird und möchte nicht, dass seine Eltern den Speiseplan umstellen. Er möchte aber auch das Gleiche wie alle anderen essen. Auch in der Schule hat Thomas ein Problem: er besucht eine Ganztagsschule und isst täglich in der Schulmensa zu Mittag. Eigentlich möchte er nicht als Sonderfall behandelt werden.

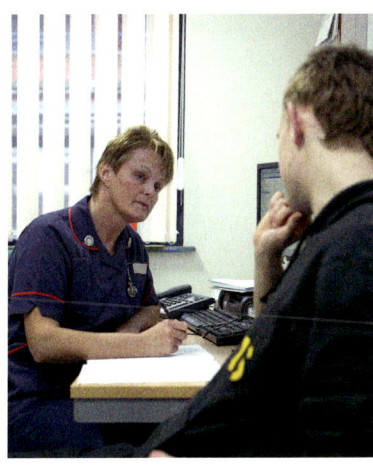

25.2 Thomas im Gespräch mit seiner Ärztin.

Aufgaben

1. Lest die beschriebenen Problemsituationen genau durch.
2. Haltet schriftlich fest:
   a) Wer ist beteiligt?
   b) Wer ist betroffen?
3. Wo liegen die Ursachen der Konfliktsituationen? Diskutiert.
4. Was kann getan werden?

Problemsituationen wahrnehmen und handeln

Keine Lösung für Lisa und Sascha?
Lisa (17 Jahre) ist seit sechs Monaten mit Sascha (18 Jahre) befreundet. Lisa geht in die Berufsfachschule und möchte nach der Schule eine Ausbildung machen. Sascha macht eine Ausbildung als Zimmermann. Nach der Ausbildung möchte er das Abitur machen und Architektur studieren oder zumindest baldmöglichst die Meisterschule besuchen. Lisa und Sascha finden es toll eine Beziehung zu haben, beide möchten sich jedoch noch nicht fest binden.

Nun hat Lisa festgestellt, dass sie in der 6. Woche schwanger ist. Sie wollte diese Schwangerschaft nicht. Doch was kann sie jetzt machen?

So stellt sich die Situation dar:

Das Problem		Lisa	Lisas Ziele
Lisa und Sascha werden ungewollt Eltern.	unmittelbar betroffen sind →	• ist noch nicht volljährig. • geht noch zur Schule. • ist in der Beziehung glücklich.	• möchte nach der Schule eine Ausbildung machen. • möchte sich noch nicht langfristig binden.
		Sascha • ist bereits volljährig. • macht eine Ausbildung. • ist in der Beziehung glücklich.	**Saschas Ziele** • möchte studieren oder sich weiterbilden. • möchte sich noch nicht langfristig binden.
Lisa und Sascha müssen sich entscheiden, was sie jetzt machen.	zusätzlich betroffen sind →	**Die Eltern** • Die Eltern von Lisa und Sascha wissen nichts von der Schwangerschaft. • Lisas Eltern sind noch erziehungsberechtigt.	**Ziele der Eltern** • sind nicht bekannt.

Lisa und Sascha holen Informationen ein:

Bei Expertinnen und Experten
- Lisa informiert sich bei ihrer Frauenärztin, welche Möglichkeiten sie sieht.
- Sascha schildert die Probleme, die er durch die Schwangerschaft sieht, dem Beratungslehrer an der Berufsschule.

Im Telefonbuch
- Sascha findet im Telefonbuch unter dem Stichwort „Schwangerschaft" die Telefonnummern und Adressen von mehreren Schwangerschaftsberatungsstellen.

Durch eine Recherche im Internet
- Sie finden (Zeitungs-)Berichte über junge Menschen und ihr Leben mit einem kleinen Kind.
- Sascha verfolgt in verschiedenen Chat-Foren, wie andere Menschen über eine Elternschaft von jungen Menschen denken.
- Lisa findet verschiedene Seiten, die Informationen bereitstellen, was Frauen und junge Paare bedenken sollten, wenn sie ungewollt schwanger sind.
- Lisa und Sascha informieren sich über Möglichkeiten und Konsequenzen eines Schwangerschaftsabbruchs.
- Sie informieren sich über Beratungsangebote.

Zusammenleben

Die Informationen werden bewertet:

27.1 Lisa und Sascha im Gespräch

(Sprechblase Sascha): Die Chats im Netz haben überhaupt nichts gebracht. Unsere Situation ist doch ganz anders!

(Sprechblase Lisa): Ähnlich wie dein Lehrer hat mir auch meine Frauenärztin empfohlen, zu einer Beratungsstelle zu gehen.

Sachinformationen der Internetrecherche:

Möglichkeiten bei einer Schwangerschaft
- Kind bekommen
- Schwangerschaftsabbruch

Bei der Entscheidung für das Kind müssen weitere Entscheidungen getroffen werden:
- Kommt eine Adoption oder Pflegschaft infrage?
- Wollen Lisa und Sascha gemeinsam Verantwortung übernehmen?
- Bedeutet Eltern zu werden, ein Paar bleiben zu müssen?
- Werden die künftigen Großeltern miteinbezogen?
- Wäre eine Mutter-Kind-Einrichtung eine Lösung?
- Wäre eine eigene Wohnung möglich?

Fakten zum Schwangerschaftsabbruch:
- Ein Abbruch kann in der Regel nur bis zur 12. Schwangerschaftswoche erfolgen.
- Für einen Schwangerschaftsabbruch muss eine persönliche Schwangerschaftskonfliktberatung nachgewiesen werden. Dieser Nachweis kann nur von anerkannten Konfliktberaterinnen und -beratern ausgestellt werden.
- Es gibt verschiedene Möglichkeiten, eine Schwangerschaft ärztlich zu beenden.
- Für viele Betroffene ist ein Abbruch psychisch nicht einfach. Es besteht die Möglichkeit, sich auch danach beraten zu lassen.

Beratung
- Sie kann persönlich in einer Beratungsstelle erfolgen, aber auch anonym telefonisch und über das Internet. Schwangerschaftsberatungen kosten nichts.
- Beratungen sind immer ergebnisoffen, d. h., es besteht keine Beeinflussung durch die Beratenden.
- Schwangere, aber auch werdende Väter können sich allein oder gemeinsam beraten lassen. Zur Beratung können je nach Wunsch auch Eltern oder die beste Freundin/der beste Freund mitgenommen werden.
- Wenn die Beratenen nicht möchten, dass Dritte über das Beratungsgespräch informiert werden, herrscht Schweigepflicht. Auch die Eltern von Minderjährigen dürfen dann nicht informiert werden.
- Mögliche Themen einer Beratung:
  - rechtliche Fragestellungen,
  - Verlauf einer Schwangerschaft,
  - finanzielle Möglichkeiten,
  - Begleitung bei der Information der Eltern,
  - Partnerschaftsfragen ...

Aufgaben

1. Lest euch genau durch, welchen Konflikt Lisa und Sascha haben. Setzt euch mit den Informationen zur Situation auseinander.
2. Recherchiert, ob ihr weitere Informationen findet.
3. Überlegt, welche Lösungen für Lisa und Sascha möglich sind. Haltet sie schriftlich fest.
4. Dokumentiert, welche Vor- und Nachteile die einzelnen Lösungen für Lisa und Sascha haben.
5. Wie würdet ihr entscheiden?

Problemsituationen wahrnehmen und handeln

Donjeta in der Sackgasse?
Anna und Donjeta (beide 16 Jahre alt) sind Freundinnen. Donjeta kam mit ihrer Familie vor 12 Jahren aus dem Kosovo nach Deutschland, weil ihre Eltern dort politisch verfolgt wurden. Seit zwei Jahren hat die ganze Familie einen deutschen Pass.
Seit einigen Wochen beobachtet Anna, dass es Donjeta nicht gut geht. Sie wirkt oft nervös und abwesend. Donjetas Eltern streiten zurzeit häufig auf albanisch. Als Anna Donjeta nun ins Kreuzverhör nimmt, berichtet diese ihr Problem: Ihre Oma aus dem Kosovo besteht darauf, dass ihre Eltern mit Donjeta im Sommer in ihre alte Heimat fahren. Donjeta soll dort ihrem zukünftigen Ehemann Goran (18 Jahre) vorgestellt werden. Goran möchte Donjeta möglichst bald heiraten, um auch nach Deutschland kommen zu können. Donjetas Oma hat sie bereits kurz nach ihrer Geburt der Familie von Goran versprochen. Würde das Versprechen nun nicht eingelöst, könnte das für die Oma und die Familie im Kosovo große Probleme bereiten. Donjeta will auf keinen Fall einen Fremden heiraten.

Die Situation für die Beteiligten:

Donjeta (16 Jahre)
- ihre Oma verlangt, dass sie Goran, den sie nicht kennt, heiraten soll.
- lebt in Deutschland.
- hat einen deutschen Pass.
- will nicht heiraten.
- hat Angst.

Anna (16 Jahre)
- ist Donjetas beste Freundin.

Donjetas Vater (Alter unbekannt)
- streitet häufig mit seiner Frau.
- lebt in Deutschland.
- hat einen deutschen Pass.
- seine Einstellung zur Heirat ist nicht bekannt.

Donjetas Oma (Alter unbekannt)
- hat Donjeta vor 16 Jahren an Gorans Familie versprochen.
- lebt im Kosovo.
- ist Kosovo-Albanerin.
- bekommt Probleme, wenn Donjeta nicht heiratet.

Goran (18 Jahre)
- möchte Donjeta heiraten.
- möchte in Deutschland leben.
- lebt im Kosovo.
- ist Kosovo-Albaner.
- seine Einstellung zu Donjeta ist nicht bekannt.

Donjetas Mutter (Alter unbekannt)
- streitet häufig mit ihrem Mann.
- lebt in Deutschland.
- hat einen deutschen Pass.
- ihre Einstellung zur Heirat ist nicht bekannt.
- hat Angst nach Albanien zu fahren.

Anna informiert sich gemeinsam mit Donjeta, was diese tun kann:

Bei Experten
- Anna fragt eine Mitarbeiterin des Jugendhauses, was sie tun kann. Sie bekommt den Tipp, sich an eine Beratungsstelle für Frauen zu wenden.
- Eine Mitschülerin, deren ältere Schwester ebenfalls verheiratet wurde, empfiehlt Anna sich rauszuhalten.

Durch eine Recherche im Internet
- Anna findet viele Einträge zum Thema „Zwangsverheiratung" und „Zwangsehe".
- Donjeta und Anna finden Informationen zur rechtlichen Situation von Zwangsehen.
- Donjeta stößt auf online-Beratungsstellen, die sie kostenlos anfragen kann.

Die Informationen werden bewertet:

29.1 Anna und Donjeta überlegen.

Sachinformationen der Internetrecherche:

Das Problem der Zwangsheiraten:
- Tradition und religiöse Gründe sind häufig der Grund, weshalb Mädchen gegen ihren Willen verheiratet werden. In seltenen Fällen sind auch junge Männer von Zwangsehen betroffen.
- Viele Mädchen und junge Frauen werden in ihren Ferien im Ausland zwangsverheiratet. Oftmals ahnen sie nichts von den Plänen der Verwandtschaft.
- Mädchen werden oft bedroht und geschlagen, wenn sie sich der Zwangsehe entziehen möchten.
- Mädchen, die sich weigern zu heiraten, werden meist aus der Familie ausgeschlossen.
- Wird eine versprochene Zwangsehe nicht eingehalten, hat dies häufig schwerwiegende Folgen für die gesamte Familie, die bis hin zum sog. Ehrenmord gehen. Es gelang aber auch schon, die „versprochene Braut" durch Geld auszulösen.

Zwangsehen – die rechtliche Situation:
- Jeder Mensch hat das Recht frei zu entscheiden, wen er heiraten möchte.
- Zwangsehen sind in Deutschland grundsätzlich verboten. Wer jemand anderen zur Ehe zwingt, macht sich strafbar.
- Deutsche Staatsbürgerinnen und Staatsbürger werden im Ausland im Notfall durch die deutsche Botschaft unterstützt. Diese muss jedoch erfahren, dass Hilfe notwendig ist. Gleichzeitig wird es schwer, wenn den Betroffenen selbst der Pass abgenommen wurde.
- Wenn Frauen im Ausland verheiratet werden und keine deutschen Staatsbürgerinnen sind, verfällt häufig ihr Aufenthaltsrecht in Deutschland.

Zu Hilfseinrichtungen für Betroffene:
- In Deutschland gibt es ein Netzwerk von Hilfseinrichtungen, z. B. „Terre des Femmes" in Tübingen oder „Papatya" in Berlin.
- Die Hilfseinrichtungen beraten und betreuen Betroffene anonym und kostenlos.
- Wenn Mädchen aus ihren Familien fliehen müssen, um der Zwangsverheiratung zu entgehen, helfen die Einrichtungen sie unterzubringen.

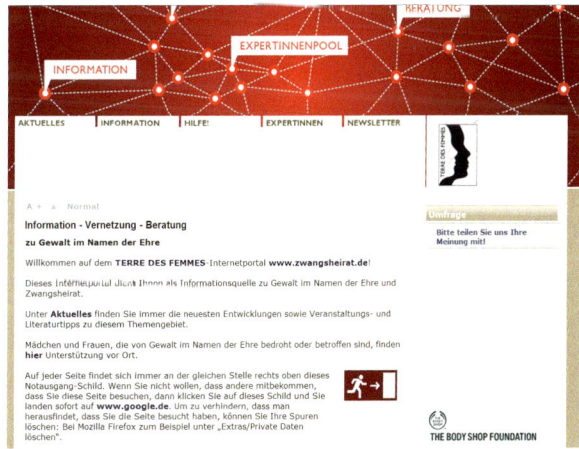

29.2 Homepage www.zwangsheirat.de

Aufgaben

1. Lest genau durch, welche Problemsituation Anna bei Donjeta herausfindet. Setzt euch mit den Informationen zu ihrer Situation auseinander.
2. Recherchiert, ob ihr weitere Informationen findet.
3. Überlegt, was Donjeta tun könnte. Haltet eure Lösungen schriftlich fest.
4. Dokumentiert, welche Vor- und Nachteile die einzelnen Lösungen die Beteiligten haben.
5. Wie würdet ihr entscheiden?

Soziale Einrichtungen bei uns

Gemeinsam sind wir stark

Um das Leben und Zusammenleben zu gestalten, suchen Menschen den Kontakt und Austausch mit anderen. Das können Menschen in ähnlichen Lebenssituationen sein, aber auch Personen, von denen sie unterstützt oder beraten werden. Häufig findet dieser Kontakt und Austausch im Kreis der Freunde oder Familie statt. Es gibt vielfältige soziale Einrichtungen mit unterschiedlichen Schwerpunkten, die sich zum Ziel gesetzt haben, Kontakt, Hilfe und Austausch zu ermöglichen.

Soziale Einrichtungen werden vom Staat, von den Kirchen, von Verbänden oder Unternehmen getragen oder sie sind als Vereine organisiert. Teilweise stehen sie kostenlos zur Verfügung, andere müssen bezahlt werden. Die Arbeit wird entweder durch hauptamtlich Beschäftigte geleistet oder durch Menschen, die sich ehrenamtlich engagieren.

Wie arbeiten soziale Einrichtungen?

- Räume für Begegnungen anbieten
- Freizeitangebote gestalten
- Menschen pflegen und betreuen
- Informationen geben
- Gespräche mit Einzelnen und Gruppen führen
- Kurse anbieten
- Waren bereitstellen
- Hilfe in Notsituationen geben

Was sind soziale Einrichtungen?

Organisationen, Einrichtungen und Vereine, die
- sich für andere oder die Gemeinschaft engagieren,
- Menschen bei der Gestaltung ihres Lebens unterstützen, Personen bei Veränderung ihrer Lebensbedingungen Begleitung anbieten, anderen in Krisen und Bedarfslagen helfen,
- an der Förderung des Gemeinwohls orientiert sind

und dabei
- auf Dauer angelegt sind,
- über eigene Ressourcen und Mittel verfügen (z. B. Räume, Geld, Mitarbeiter),
- sich bestimmte Ziele gesetzt haben,
- nicht am Gewinn orientiert sind.

Welche Ziele verfolgen soziale Einrichtungen?

- Förderung des Gemeinwohls
- individueller Service für den angesprochenen Personenkreis
- Unterstützung und Beratung durch unterschiedliche Maßnahmen
- Unterstützung bei der Beschaffung von materiellen Gütern
- Begegnung unterschiedlicher Personen ermöglichen
- Förderung durch Bildung

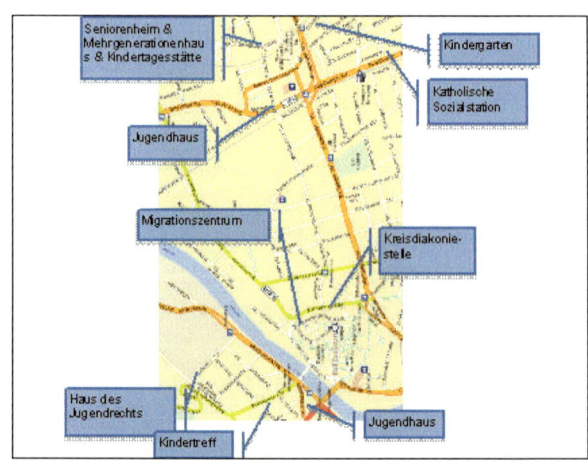

30.1 Ausgewählte soziale Einrichtungen in einem Stadtteil

Zusammenleben

Vielfalt sozialer Einrichtungen

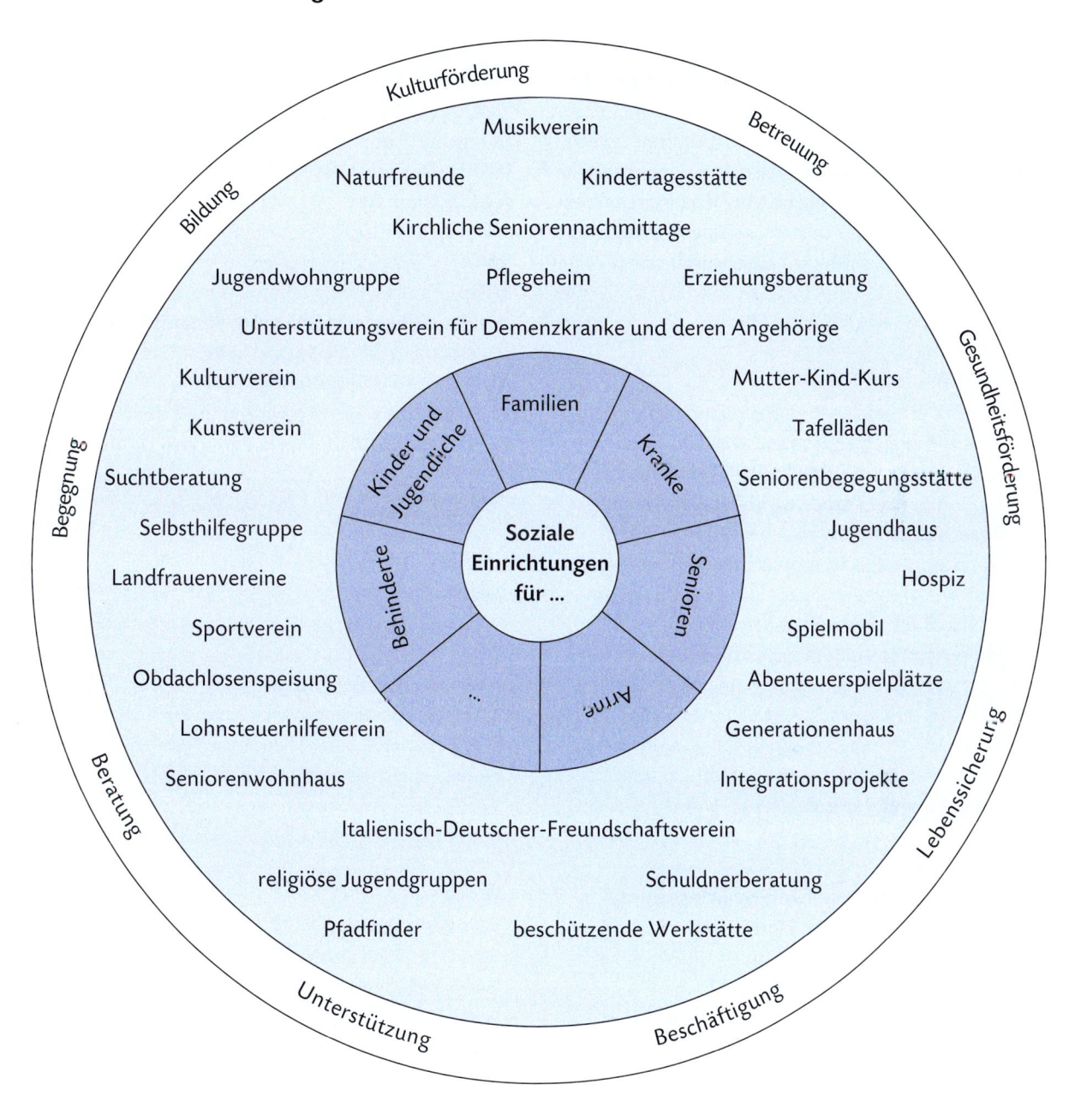

Soziale Einrichtungen für …
- Kinder und Jugendliche
- Familien
- Kranke
- Senioren
- Arme
- …
- Behinderte

Bereiche (äußerer Ring): Kulturförderung, Betreuung, Gesundheitsförderung, Lebenssicherung, Beschäftigung, Unterstützung, Beratung, Begegnung, Bildung

Einrichtungen:
- Musikverein
- Naturfreunde
- Kindertagesstätte
- Kirchliche Seniorennachmittage
- Jugendwohngruppe
- Pflegeheim
- Erziehungsberatung
- Unterstützungsverein für Demenzkranke und deren Angehörige
- Kulturverein
- Mutter-Kind-Kurs
- Kunstverein
- Tafelläden
- Suchtberatung
- Seniorenbegegnungsstätte
- Selbsthilfegruppe
- Jugendhaus
- Landfrauenvereine
- Hospiz
- Sportverein
- Spielmobil
- Obdachlosenspeisung
- Abenteuerspielplätze
- Lohnsteuerhilfeverein
- Generationenhaus
- Seniorenwohnhaus
- Integrationsprojekte
- Italienisch-Deutscher-Freundschaftsverein
- religiöse Jugendgruppen
- Schuldnerberatung
- Pfadfinder
- beschützende Werkstätte

Aufgaben

1. Überlegt, welche Ziele bei den einzelnen Einrichtungen im Vordergrund stehen.
2. Zeichnet in einer Karte soziale Einrichtungen in eurer Umgebung ein.
3. Wählt zwei der sozialen Einrichtungen aus und erstellt Steckbriefe.

Vorbereitung einer Erkundung in einer sozialen Einrichtung

Die Erkundung einer sozialen Einrichtung kann zeigen, was diese Institutionen leisten und welche Menschen die Angebote nutzen. Gleichzeitig bietet eine Erkundung die Möglichkeit, Einblick zu erhalten, welche beruflichen Kompetenzen in sozialen Einrichtungen nötig sind. Es besteht auch die Möglichkeit, sein Praktikum oder ein zusätzliches, freiwilliges Praktikum in einer sozialen Einrichtung zu absolvieren.

Tipp

Die Erkundung einer sozialen Einrichtung muss gründlich vorbereitet werden. Es ist wichtig, sich zu überlegen, mit welchen Personen ein Gespräch geführt werden soll bzw. welche Personen angetroffen werden könnten. Vielleicht möchte der Mensch, dem man begegnet, gar nicht gerne über sich und die persönliche Situation berichten. Außerdem ist es dem Personal häufig nicht gestattet, über die soziale Einrichtung sowie Privates und Intimes der betreuten Personen Auskunft zu geben. Beim Befragen von Personal und Betroffenen sollte deshalb sensibel vorgegangen werden.

Interessante Aspekte für eine Erkundung:
- Zielgruppe der sozialen Einrichtung
- Träger der sozialen Einrichtung (z. B. Verein, Kirche, Staat, ...)
- Art des Angebots
- Umfang des Angebots (einmalig, täglich, ...)
- individuelle oder Gruppenangebote
- Ort
- Mitarbeiter
- Kosten
- Nutzungsvoraussetzungen
- Umgang der Menschen miteinander
- Gesprächsverhalten
- Gespräche mit Mitarbeitern über den Beruf und die beruflichen Anforderungen
- Informationen über Bedürfnisse der Menschen, die die Einrichtung nutzen

Wohin?
Welche sozialen Einrichtungen in der näheren Umgebung oder in der Region interessieren uns? Welche sozialen Einrichtungen eignen sich für eine Erkundung?

Wie?
Wie nehmen wir Kontakt mit der sozialen Einrichtung auf (Brief schreiben, Telefonat führen, ...)?
Wie können wir die soziale Einrichtung erreichen (öffentliche Verkehrsmittel, zu Fuß, ...)?
Wie viel Zeit brauchen wir dorthin?
Entstehen Kosten?

Wann?
Wann können wir die Einrichtung erkunden?

Wer?
Wer stellt die Fragen?
Wer notiert die Ergebnisse?
Wer dokumentiert was?
Wer holt sonstige Informationen ein?
Wer bespricht, was wir erkunden wollen und vereinbart einen Termin?
Wer kann unsere Fragen beantworten?
Bildet Expertenteams.

Was?
Was erwarten wir?
Was interessiert uns genau?
Was können wir fragen?
Was würden wir gerne sehen?
Was dokumentieren wir?
Was für Materialien benötigen wir?
Was stellen wir als Ergebnis vor?

Tipp

Gutes Benehmen, angemessene Kleidung und sensibles Verhalten sind wichtig bei Erkundungen von sozialen Einrichtungen.

Eindrücke aus Erkundungen von sozialen Einrichtungen

33.1 Erkundung eines Kulturvereins

„Wir haben eine Erkundung beim türkischen Kulturverein gemacht. Ich war sehr überrascht, dass so viele Menschen sich treffen, um gemeinsam zu kochen, Informationen auszutauschen und Bräuche zu pflegen. Eine Frau erzählte mir, dass dieser Verein ihre erste Anlaufstelle war, als sie nach Deutschland kam. Sie hat dort viel Hilfe bei der Vorbereitung von Behördengängen erhalten. Die Stimmung war sehr ausgelassen und fröhlich."

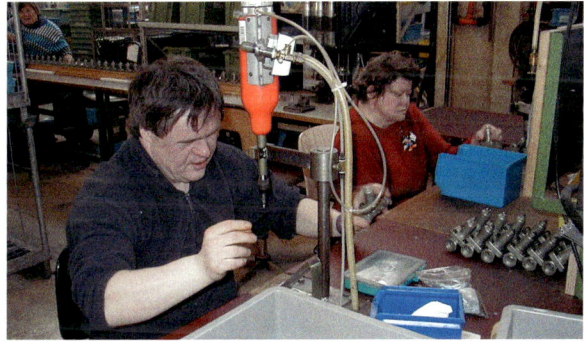

33.2 Erkundung einer beschützenden Werkstatt

„Ich habe mich gut auf unsere Erkundung vorbereitet und mich über die behinderten Menschen in einer beschützenden Werkstätte erkundigt. Doch was ich in der beschützenden Werkstätte erlebte, übertraf meine Erwartungen bei weitem. Einige der Behinderten mit Down-Syndrom sind auf mich zugerannt und haben mich ganz fest an sich gedrückt um mich zu begrüßen. Mit so einer festen und engen Umarmung habe ich nicht gerechnet. Ich war unsicher, wie ich mich verhalten sollte."

33.3 Erkundung eines Tafelladens

„Der Tafelladen hat ein großes Warensortiment. Es sieht dort fast genau so aus wie in einem Supermarkt und die Verkäuferinnen begrüßen die Kunden ganz herzlich. Ich habe erfahren, dass nicht jeder dort einkaufen darf. Man muss einen Ausweis vorzeigen. Gewundert hat mich, dass im Tafelladen so viele unterschiedliche Menschen einkaufen: ältere Menschen, Mütter mit Kindern, Teenager und Menschen mit ganz unterschiedlicher Herkunft."

33.4 Erkundung einer Kindertagesstätte

„Wir haben bei unserer Erkundung einer Kindertagesstätte viel erlebt und durften beim abwechslungsreichen Programm für die Kinder einfach mitmachen. Wir haben zusammen ein Begrüßungslied gesungen, einen Drachen angefangen zu basteln, miteinander gespielt und gemeinsam gegessen. Eine Betreuerin erzählte uns, dass es wichtig ist, die Kinder vielseitig zu fördern und zum Tun anzuregen, das unterstütze sie in ihrer Entwicklung. Als Erzieherin muss man ganz schön viel können ..."

Methode: Die persönlichen Kompetenzen für die Teamarbeit einschätzen

Bereits beim Profil-AC haben Lehrer und Schüler Kompetenzen überprüft und bewertet. In welchen Bereichen die eigenen Stärken liegen und welche Kompetenzen gezielt ausgebaut werden sollten, darüber sind alle Beteiligten informiert.
Um gelungen in Teams zusammenarbeiten zu können, ist es wichtig, immer wieder zu überprüfen und zu hinterfragen, wo Stärken und Schwächen des Einzelnen für die Teamarbeit liegen.

Konnten Fähigkeiten und Fertigkeiten bereits weiterentwickelt werden? Welche Kompetenzen sollen noch erworben bzw. ausgebaut werden?

Seine Teamkompetenzen aufgrund von Selbst- und Fremdeinschätzung ehrlich selbst einordnen zu können, ist auch für die Wahl eines geeigneten Berufsfeldes wichtig und wird häufig bei Bewerbungen nachgefragt.

Für die Teamarbeit wichtige Kompetenzen

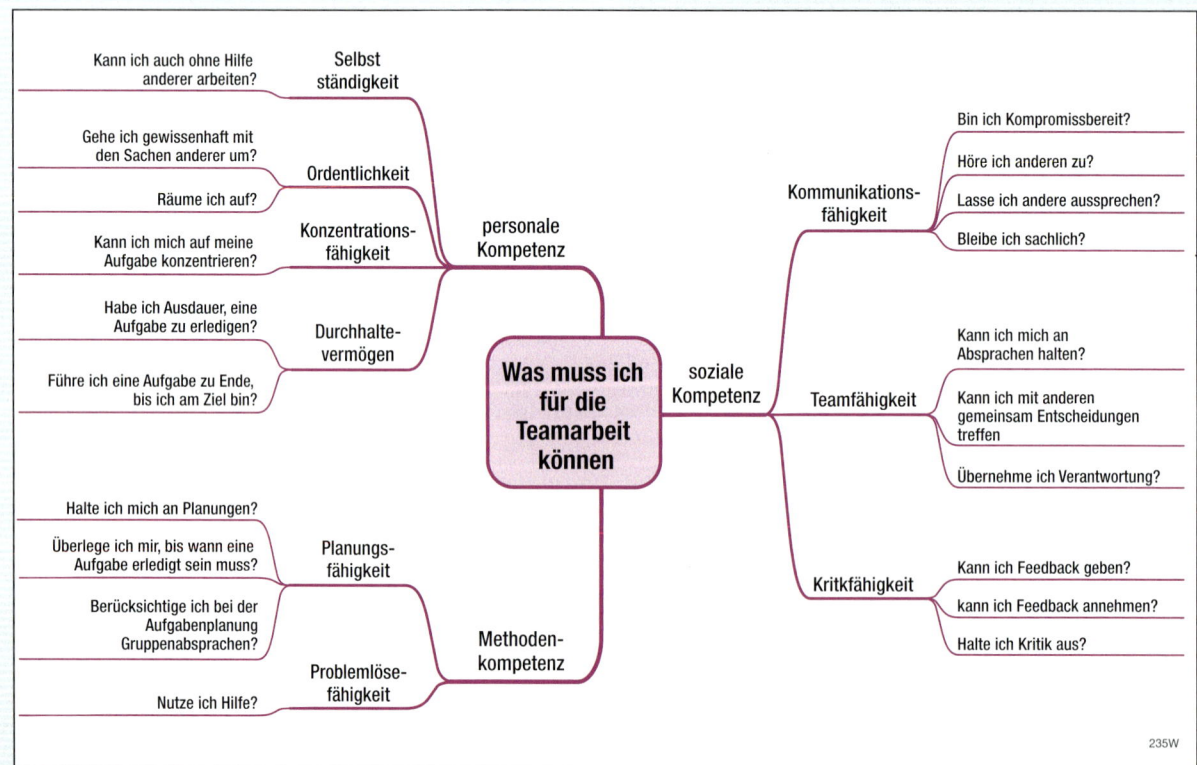

1. Schritt: Was kann ich gut?
- Überlege dir, was du beim Zusammenarbeiten mit anderen Menschen gut kannst.
- Beurteile dich selbst:
  – Wo liegen deine Schwächen?
  – Woran solltest du noch arbeiten?

So kannst du vorgehen
- Erinnere dich an Situationen, in denen du im Team gearbeitet hast. Überlege, was du kannst und wo du Schwächen hast anhand deiner Erlebnisse und Erfahrungen.
- Erstelle dazu am besten eine Mind-Map.

Zusammenleben

2. Schritt: Liege ich richtig?
- Hole eine Fremdeinschätzung ein, indem du dich von anderen beurteilen lässt.
- Was bestätigt deine Selbsteinschätzung?
- Frage nach, wenn du etwas nicht verstanden hast.
- Wo stimmen die Einschätzungen nicht überein?

So kannst du vorgehen
- Erstelle auf der Rückseite deiner Mind-Map eine Grundstruktur für den Feedbackgeber (z. B. Wo habe ich den anderen besonders stark erlebt? Woran sollte noch gearbeitet werden?).
- Geh mit deiner Mind-Map auf jemanden zu, der dir ein Feedback geben soll. Dies kann ein Lehrer oder ein Mitschüler sein.

3. Schritt: Mein Kompetenzprofil
- Erstelle aus deiner Selbstwahrnehmung und der Fremdeinschätzung dein persönliches Kompetenzprofil, indem du beide Einschätzungen vergleichst und überlegst, wie ausgeprägt deine Kompetenzen in den verschiedenen Bereichen sind.

So kannst du vorgehen
- Entwirf einen Profilbogen und trage dein Kompetenzprofil ein. Zum Beispiel:

Sozialkompetenz					
Kommunikationsfähigkeit	1	2	3	4	5
Teamfähigkeit	1	2	3	4	5
Kritikfähigkeit	1	2	3	4	5

4. Schritt: Welche Stärken kann ich in ein Team einbringen?
- Was fällt dir leicht, was kannst du gut?
- Welche deiner Stärken sind für ein Team wichtig?
- In welchen Situationen hast du festgestellt, dass deine Stärken wichtig sind?
- Überlege dir für alle deine Teamstärken Situationen.

So kannst du vorgehen
- Notiere deine Teamstärken auf Karten.
- Beschreibe deinen Mitschülern Situationen, in denen du diese Stärken im Team einbringen kannst.
- Hefte deine Karten nach der Vorstellung zu deinem Namen an die Tafel.

5. Schritt: Welche Kompetenzen will ich im Team erweitern?
- Überlege dir, welche Kompetenzen du bei der Zusammenarbeit im Team erweitern möchtest.
- Sammle und erarbeite Kompetenzziele:
  - Was fällt mir schwer?
  - Woran möchte ich arbeiten?
  - Wie kann mir das Team dabei helfen?
  - Bis wann möchte ich mein Ziel erreichen?
- Woran erkenne ich, dass ich mein Ziel erreicht habe?

So kannst du vorgehen
- Erinnere dich an Situationen, in denen du im Team gearbeitet hast. Überlege dir, wie du im Team eingesetzt werden musst, um stärker an der Erweiterung deiner Kompetenzen zu arbeiten.
- Setze dir Ziele und notiere diese:
  - Was will ich erweitern?
  - Wie will ich dies erreichen?
  - Wer kann mir dabei helfen?
- Erfolgskontrolle: Habe ich meine Kompetenzen im Team erweitern können?

Methode: Teamarbeit

In Betrieben ist es üblich, Teams so zusammenzustellen, dass sich die Kompetenzen der einzelnen Teammitglieder ergänzen. Auch in sozialen Einrichtungen ist es wichtig, dass Mitarbeiter und Mitarbeiterinnen entsprechend ihrer Kompetenzen eingesetzt werden. Bei der Pflege von Menschen sind andere Kompetenzen gefragt als im Umgang mit Gästen im Service oder beim Durchführen von Fitnesstrainings. Es ist deshalb sinnvoll, entsprechend der Aufgaben Anforderungsprofile zu erstellen und die Personen entsprechend auszuwählen. Wer in Teams erfolgreich mitarbeiten will, muss seine Kompetenzen kennen und darstellen können. Dies gilt auch für das Zusammenarbeiten im Team in der Schule. Die Schule ermöglicht, dass man seine Teamfähigkeiten erproben und weiterentwickeln kann. Nicht immer können Aufgaben durch Freundschaftsteams gut gelöst werden.

Es geht also darum: Wer passt aufgrund seiner Kompetenzen zu welchem Team?
Wer übernimmt innerhalb des Teams welche Aufgaben?
Oder wer will seine Fähigkeiten und Fertigkeiten durch bestimmte Aufgaben gezielt erweitern?

Ablauf	Zentrale Fragestellungen	Tipps zur Vorgehensweise
1. Arbeitsaufgabe erfassen	Welches Ziel muss erreicht werden? Was gibt es zu tun? Wie viel Zeit steht zur Verfügung? Wie und wem sollen die Ergebnisse vorgestellt werden? Wie viele Personen sind zur Bewältigung der Arbeitsaufgabe vorgesehen?	• Mind-Map erstellen 36.1 Mind-Map zur Arbeitsaufgabe
2. Anforderungsprofile erstellen • Aufgabe • Personen	Welche Kompetenzen fordert die Aufgabe? Welche Kompetenzen benötigen die Personen, um die Aufgabe bewältigen zu können?	• Festhalten der erforderlichen Kompetenzen (soziale, methodische, personale) auf Karten in verschiedenen Farben. 36.2 Die Aufgabe erfordert Kompetenzen.

Ablauf	Zentrale Fragestellungen	Tipps zur Vorgehensweise
3. Eigene Kompetenzen einschätzen und darstellen (siehe Seiten 34/35)	Wie schätze ich selbst meine Kompetenzen ein? Wo sehen andere meine Stärken? An welchen Schwächen möchte oder muss ich arbeiten?	• Einschätzung der eigenen Kompetenzen vornehmen und dokumentieren. • Fremdeinschätzung zu eigenen Stärken und Schwächen von anderen einholen. • Ein Kompetenzprofil erstellen. • Ziele der persönlichen Weiterentwicklung festlegen.
4. Team kompetenzorientiert zusammenstellen	Welche Personen ergänzen sich aufgrund ihrer Kompetenzen und ihrer gewählten Entwicklungsziele und bilden deshalb ein Team?	• Namen auf Karten schreiben und verschiedene Teamzusammensetzungen diskutieren. 37.1 Ein Team wird kompetenzorientiert zusammengestellt.
5. Regeln und Abläufe im Team festlegen	Wie wollen wir zusammenarbeiten?	• Einen Gruppenvertrag abschließen, in dem die verschiedenen Rollen festgelegt werden (z. B. Zeitwächter, Moderation, Schriftführer, ...).
6. Im Team arbeiten	Wie planen wir unsere Arbeit? Wer macht was?	• Erstellen eines Arbeitsplans (Wer? Was? Wann?)
7. Die Teamarbeit reflektieren	Eine Teamarbeit wird in drei Schritten reflektiert: **1. ICH (Selbstreflexion)** Welchen Beitrag habe ich zur Teamarbeit geleistet? Wie konnte ich meine Kompetenzen ins Team einbringen? **2. TEAM (Gruppenreflexion)** Wie schätze ich die Zusammenstellung des Teams ein? **3. AUSSEN (Fremdreflexion)** Wie haben uns andere Personen wahrgenommen?	ICH: • Einschätzung des eigenen Beitrags vornehmen und dokumentieren (z. B. auf Zettel notieren, Kompetenzen in eigenem Profil markieren). TEAM: • Erfolg der Teamarbeit diskutieren und bewerten. • Umsetzung des Arbeitsplans bewerten. • Einhaltung des Gruppenvertrages bewerten. AUSSEN: • Fremdeinschätzung zur Teamarbeit einholen.

Methode: Eventmanagement: Eine Aktion planen und durchführen

Beim Eventmanagement werden Aktionen und Veranstaltungen systematisch geplant, organisiert und durchgeführt. Ein Event wird für andere Personen veranstaltet und richtet sich entsprechend an den Bedürfnissen und Möglichkeiten dieser Menschen aus. Es findet in einem begrenzten zeitlichen Rahmen statt. Zum Abschluss wird der Erfolg bewertet.
Bei der Planung und Durchführung einer Aktion ist es sinnvoll, sich an dem Vorgehen des Eventmanagements zu orientieren.

Events zeichnen sich aus durch:

Erlebnisorientierung
- Ein Event muss etwas Besonderes bieten.
- Ein Event muss ein positives Erlebnis für die Zielgruppe sein.
- Die Aktion muss die Gefühle der Zielgruppe ansprechen.

Konzeption
- Welche Ziele mit der Aktion erreicht werden sollen, muss klar sein.
- Die Programmpunkte und der äußere Rahmen orientieren sich an den Bedürfnissen der Zielgruppe.
- Die einzelnen Programmpunkte passen zusammen und haben einen roten Faden.

Beteiligung
- Die Zielgruppe muss bei der Aktion aktiv werden können und selbst etwas tun dürfen.

Inszenierung
- Die Programmpunkte sind so aufeinander abgestimmt, dass die Aufmerksamkeit der Zielgruppe erhalten bleibt.
- Der Ablauf ist mit den verantwortlichen Personen abgestimmt.
- Der Veranstaltungsort ist entsprechend vorbereitet und gestaltet.

Vorüberlegungen:

Zielgruppe
Für wen findet der Event statt? Welchen besonderen Bedürfnissen muss Rechnung getragen werden?

Ort
Wo kann der Event stattfinden? Welche örtlichen und räumlichen Voraussetzungen müssen bedacht werden?

Thema – Programmpunkte
Was fällt uns ein? Welche Ideen haben wir? Was für Programmpunkte passen zur Zielgruppe?

Ziel
Welche Ziele verfolgen wir mit unserem Event? Was wollen wir bei der Zielgruppe erreichen?

→ Eine Event-Idee entwickeln

Erstellen eines Event-Konzepts

EVENT-MANAGEMENT

Kommunikation
- Ansprechpersonen für die Zielgruppe sowie für das Planungsteam festlegen
- Kommunikationswege absprechen (Telefon, Termine ...)

Kostenkalkulation
- Ausgaben kalkulieren

Personaleinsatz
- Verantwortlichkeiten für den Eventablauf und die Aktionen festlegen
- Informationen austauschen

Planung/Organisation
- Zeitplan erstellen
- Finanzierung klären
- Veranstaltungsort festlegen
- benötigte Materialien besorgen
- Aufbauplanung überlegen
- Beteiligte festlegen
- Genehmigung einholen

Konzeptplanung
- Interessen erfragen
- Konkurrenzangebote recherchieren
- Absprachen treffen
- Konzept schriftlich festhalten

Personalentwicklung
- Für das Event notwenige Fähigkeiten und Fertigkeiten erlernen bzw. weiterentwickeln.

Durchführung
Der Event wird entsprechend der Planung durchgeführt.

Erfolgskontrolle
Im Anschluss wird überprüft, ob das Eventmanagement gelungen ist.
Dafür werden alle Teile des Eventmangements (Kommunikation, Planung, Personalentwicklung, Kostenkalkulation, Personaleinsatz, Konzeptplanung) einzeln bewertet und am Schluss zu einem Ergebnis zusammengefasst. Dies könnt ihr an der Tafel nach folgendem Vorbild machen:

39.1 Eine Schülergruppe führt einen Spielenachmittag im Kindergarten durch.

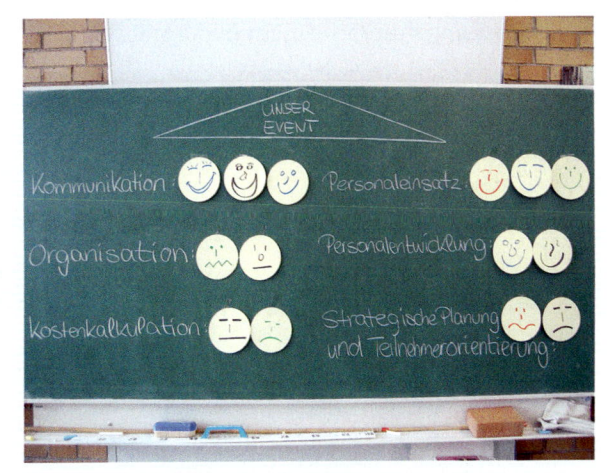

39.2 Den Erfolg gemeinsam reflektieren.

Berufssteckbrief: Sozialhelfer/-in bzw. Sozialassistent/-in

Tätigkeiten in diesem Beruf

Sozialhelfer/-innen bzw. Sozialassistent/-innen
- betreuen Menschen und sind für sie Gesprächspartner,
- bieten Menschen Beschäftigungsmöglichkeiten an und führen Beratungsgespräche,
- erledigen hauswirtschaftliche Tätigkeiten für Hilfsbedürftige,
- übernehmen sozialpflegerische Aufgaben,
- übernehmen die Haushaltsführung in privaten Haushalten,
- unterstützen Erzieher/-innen, Altenpfleger/-innen und Heilerziehungspfleger/-innen bei ihrer Arbeit.

Wo wird dieser Beruf ausgeübt?

Sozialhelfer/-innen bzw. Sozialassistent/-innen arbeiten hauptsächlich
- in Wohn- und Pflegeheimen für betreuungsbedürftige Menschen,
- in Kindergärten und -horten,
- in Einrichtungen zur Betreuung und Pflege von Menschen mit Behinderung,
- bei ambulanten sozialen oder diakonischen Diensten.

Sie sind
- in Heimen hauptsächlich in Aufenthalts-, Wohn-, Ess-, Schlaf- und Sanitärräumen tätig,
- bei der ambulanten Betreuung hauptsächlich in Privatwohnungen beschäftigt,
- für Beratungsgespräche meist in Büroräumen.

40.1 Eine Sozialhelferin bei der Arbeit

Welche Kompetenzen braucht man?

	vorteilhaft	wichtig	sehr wichtig
Achtung vor dem Menschen			✓
Freundlichkeit und Geduld			✓
Belastbarkeit		✓	
Praktisches Geschick		✓	
Einfühlungsvermögen			✓
Konsequenz		✓	
Gute Planung und Organisationsgeschick	✓		
Freude am Umgang mit Menschen			✓
Verantwortungsbewusstsein			✓
Zuversicht		✓	

Wie ist die Ausbildung organisiert?

Berufstyp	anerkannter Ausbildungsberuf
Ausbildungsvoraussetzungen	• ärztliches Zeugnis über gesundheitliche Eignung zur Berufsausübung • Hauptschulabschluss für die 3-jährige Ausbildung, mittlerer Bildungsabschluss für die 2-jährige Ausbildung
Ausbildungsart und Lernorte	schulische Ausbildung an Berufsfachschulen
Ausbildungsdauer	2–3 Jahre

Zusammenleben

Ausbildungsberufe im Sozialwesen

- Fachangestellte/-r für Arbeitsförderung
- Assistent/-in im Gesundheits- und Sozialwesen
- Haus- und Familienpfleger/-in
- Gesundheits- und Kinderkrankenpfleger/-in
- ...
- Sozialpädagogische/-r Assistent/-in / Kinderpfleger/-in
- Sozialhelfer/-in bzw. Sozialassistent/-in
- Heilerziehungspflegehelfer/-in
- Kinderpflegehelfer/-in

Ausbildungsberufe im Sozialwesen

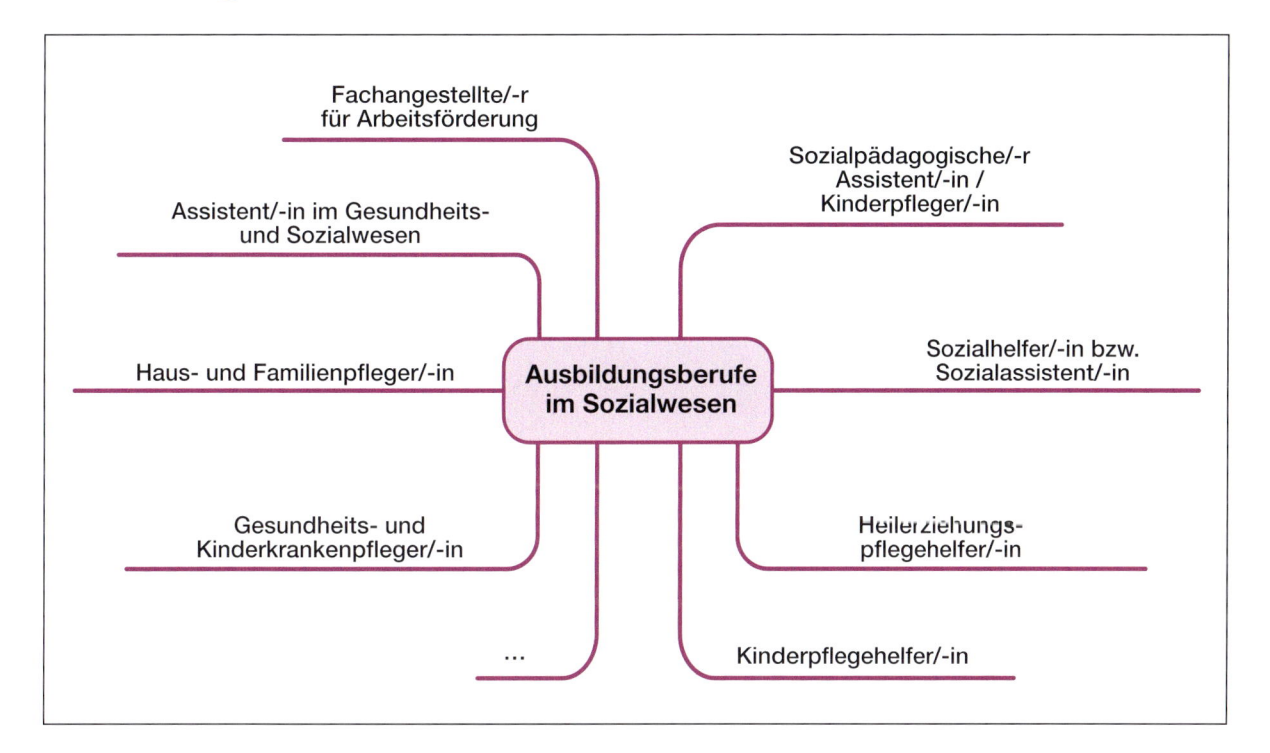

41.1 Fachangestellte für Arbeitsförderung

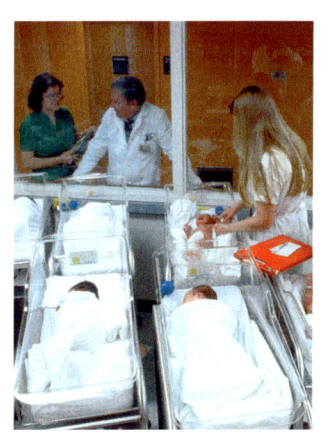

41.2 Gesundheits- und Kinderkrankenpfleger

41.3 Sozialhelferin bzw. Sozialassistentin

Aufgaben

1. Welche Berufe interessieren dich? Entscheide dich für zwei Berufe und begründe deine Entscheidung.
2. Hole Informationen zu diesen Berufen ein und erstelle einen Steckbrief. Das kann hilfreich sein: Internet, Informationsbroschüren der Agentur für Arbeit, Interview mit Berufstätigen.
3. Mache ein Praktikum, so erhältst du am besten Einblick in den Beruf.

Ernährung und Bewegung

LECKER IST:

DIE ORIGINAL KÄPT'N IGLO FISCHSTÄBCHEN MIT DER **GOLDKRUSTE** ZUM BEISPIEL AUF BRÖTCHEN MIT SALAT UND REMOULADE.

10 Fischstäbchen

100% Filet

DIE LECKER-GARANTIE!

iglo
Lecker ist mir liebe

Weitere Informationen zur LECKER-GARANTIE finden Sie auf den Aktionspackungen im Handel und unter www.iglo.de

E Einstieg: Fit werden – fit bleiben!

Fitness und Gesundheit werden häufig in Gesprächen oder in den Medien diskutiert. Doch wer ist fit? Wer viele Muskeln hat? Wer schlank ist? Wer sich gesund ernährt? Eine spannende Frage! Sicher ist, dass Jugendliche selbstständig etwas für ihre Fitness und Gesundheit tun können. Es gibt verschiedene Möglichkeiten, um fit zu werden und zu bleiben.

Ernährung und Bewegung spielen dabei eine große Rolle.

In diesem Kapitel stehen Situationen im Mittelpunkt, in denen du lernst, wie du und andere fit und gesund werden und bleiben können. Du kannst entdecken, ob in diesem Bereich deine Stärken und Interessen liegen.

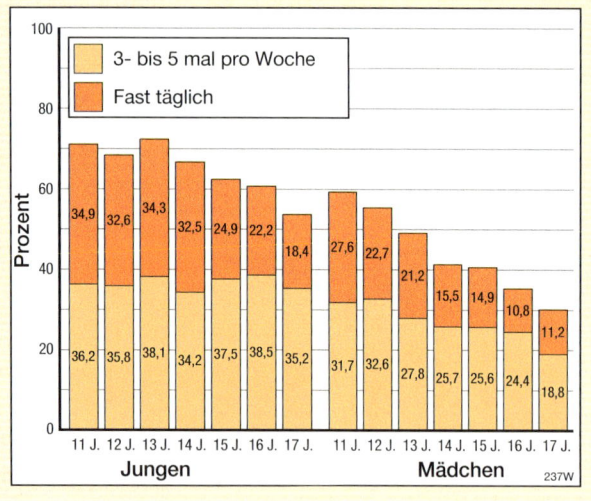

44.1 KiGGS-Studie: Häufigkeit körperlich-sportlicher Aktivität bei 11- bis 17-jährigen Jungen und Mädchen

Das Robert Koch-Institut erstellte die KiGGS-Studie zur körperlich-sportlichen Aktivität von Jugendlichen in Deutschland. Diese Studie zeigt, dass 64,7 % der Jungen und 43,7 % der Mädchen den Mindestanforderungen der aktuellen Empfehlungen zur körperlichen Aktivität gerecht werden. Dies bedeutet, dass sie dreimal oder häufiger pro Woche körperlich aktiv sind, sodass sie dabei ins Schwitzen oder außer Atem kommen. Das eigentlich gewünschte Ziel, nämlich fast täglich körperlich-sportlich aktiv zu sein, erreichen nur 28,2 % der Jungen und 17,3 % der Mädchen. Im Alter von 17 Jahren sind nur noch 18,4 % der Jungen und 11,2 % der Mädchen fast jeden Tag aktiv.

44.2 2 Jugendlicher beim Kraftsport im Fitnessstudio

„Die Mitschüler in meiner Klasse sind alle viel attraktiver und sportlicher als ich. Darum haben sie auch viel mehr Erfolg bei den Mädchen. Um das zu ändern, habe ich mich vor einem Jahr dazu entschlossen, regelmäßig im Fitnessstudio meine Muskeln zu trainieren um einen fitten Körper zu bekommen.
Da es mir zu lange gedauert hat, bis man Muskeln sah, habe ich Nahrungsergänzungsmittel und Power-Shakes vor dem Training zu mir genommen. Ich habe das Gefühl, dass es seither viel besser beim Training klappt und auch mein Körper wird immer attraktiver und ich fühle mich fitter."

Ernährung und Bewegung

„In meiner Freizeit bin ich körperlich sehr aktiv. Ich gehe dreimal wöchentlich zum Volleyballtraining und achte sehr auf eine gesunde Ernährung. Dafür nehme ich schon mal einen längeren Anfahrtsweg zu meinem Bioladen in Kauf.
Jetzt achte ich so sehr auf eine gesunde Ernährung und darauf meinen Körper fit zu halten und trotzdem fühle ich mich schlapp und ausgebrannt. Ich würde gerne wissen, woran das liegen kann und was ich selbst dagegen tun kann."

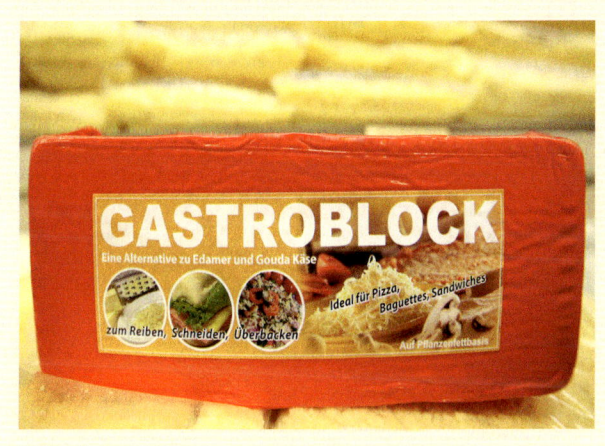

45.1 Junge Frau, die sich nicht fit fühlt

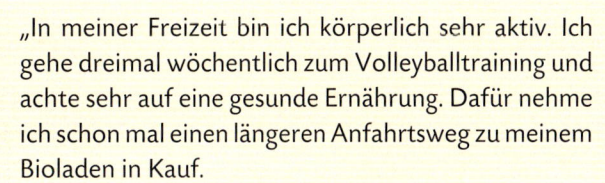

„Gestern habe ich mir eine Pizza gekauft und zu Hause festgestellt, dass da gar kein richtiger Käse darauf ist, sondern sogenannter „Analogkäse". Dieses Käseersatzprodukt wird industriell hergestellt. Dabei wird „Analogkäse" nicht oder weitgehend nicht aus Milch hergestellt, sondern besteht unter anderem aus Wasser, Pflanzenfett, Milcheiweiß, Stärke, Aromen und Farbstoffen. Ich habe recherchiert, dass man Analogkäse häufig auf Fertiggerichten wie beispielsweise meine Pizza oder auf „Käse"-Gebäcken vom Bäcker findet. Lebensmittel mit Analogkäse sind aber für den Verbraucher, ohne Lesen der Zutatenliste, nicht klar erkennbar."

45.2 „Analogkäse"

„Wenn wir keine Lust auf unsere Schulmensa haben, dann holen wir uns schnell etwas vom Bäcker. Das Angebot dort ist riesig. Am liebsten esse ich ein belegtes Wurst- oder Käsebrötchen mit Salatblatt, Gurkenscheiben und Tomaten. Eine süße Apfeltasche ist meist mein Nachtisch. Das reicht mir dann als Mittagessen. Ein schlechtes Gewissen habe ich deswegen nicht, denn zu Hause gibt es immer ein warmes Abendessen."

45.3 Fast Food beim Bäcker

Aufgaben

1 Tauscht euch über die dargestellten Situationen aus. Überlegt euch, ob ihr schon Erfahrungen mitbringt.

2 Erkennt ihr einen Zusammenhang zwischen den beschriebenen Situationen und der Überschrift?

Wie gesund lebe ich?

Gesundheit/Wohlbefinden

Gesundheit streben alle Menschen an. Alle können selbst durch ihre Lebensführung entscheidend dazu beitragen, gesund zu werden und zu bleiben.
Die drei Bereiche **körperliches Wohlbefinden**, **seelisches Wohlbefinden** und **soziales Wohlbefinden** haben Einfluss auf die Gesundheit (siehe Definition S. 80).

Ich mache täglich Sport.
Vor Herausforderungen habe ich keine Angst.
In meiner Familie bin ich sehr glücklich.
Ich trinke regelmäßig viel Wasser.
Ich kann meine Gefühle wahrnehmen und darüber sprechen.
Ich achte auf ausgewogene Ernährung.
Ich habe viele Freunde und treffe mich regelmäßig mit ihnen.
Ich rauche nicht.
Ich bin zufrieden mit mir.
Ich schaffe einen Ausgleich zwischen den Lebensbereichen Schule/Beruf, Familie und Freizeit.
Ich bewege mich viel in meiner Freizeit.
Ich kann mich auf meine Freunde verlassen.
Bei Teamaufgaben kann ich mich mit einbringen.
Für mich bedeutet gesund zu leben, ...

46.1 Wohlbefinden macht glücklich

Gesundheit ist kein fester Zustand, der einmal erreicht wird und der dann immer gleich bleibt. Es gibt Zeiten im Leben, in denen positive Erlebnisse, Erfahrungen, Gefühle und Gedanken viel zum Wohlbefinden beitragen.

Und es gibt Momente, in denen negative Anteile überwiegen und man weniger gesund lebt. Wo stehe ich gerade? Wie gesund führe ich mein Leben? Diese Fragen kann nur jeder für sich selbst beantworten. Eine Selbstanalyse kann dabei hilfreich sein.

Aufgaben

1 Erstelle dein eigenes Gesundheitsprofil. Überprüfe, was du tust, damit dein körperliches, seelisches und soziales Wohlbefinden gefördert wird.

2 Tauscht euch in der Gruppe über eure Gesundheitsprofile aus. Überlegt Gründe für Gemeinsamkeiten und Unterschiede.

Ernährung und Bewegung

Gesundheit und Lebensführung

Jeder Mensch gestaltet und steuert sein Leben unterschiedlich. So entscheidet jeder selbst darüber, wie die eigene Lebensführung aussieht. Körperliche, seelische und soziale Aspekte finden unterschiedlich gewichtet Eingang in die verschiedenen Lebensführungen der Menschen.

Daniela ist 17 Jahre alt und macht eine Ausbildung zur Gesundheits- und Krankenpflegerin. Sie berichtet Folgendes: „Ich bin jeden Tag froh, wenn ich von der Arbeit nach Hause komme. Meine Ausbildung macht mir viel Freude, doch meine Kollegen finde ich anstrengend und ich komme mit ihnen nicht klar. Zu Hause schalte ich sofort meinen PC an und chatte ausgiebig mit meinen Freunden. Das sind wahre Freunde – mit ihnen kann ich mich über alles unterhalten, ihnen kann ich meine Sorgen und Nöte mitteilen und sie zeigen Verständnis und unterstützen mich. Von ihnen bekomme ich auch viele gute Ideen, was ich machen kann. Sie sind für mich große Vorbilder. Oftmals reden wir bis spät in die Nacht, ich esse und trinke nebenher und gehe oft spät in der Nacht in mein Bett. Dann bin ich aber richtig glücklich, auch wenn mir am nächsten Morgen manchmal etwas Schlaf fehlt. Ein großer Becher Kaffee bringt mich auf Touren."

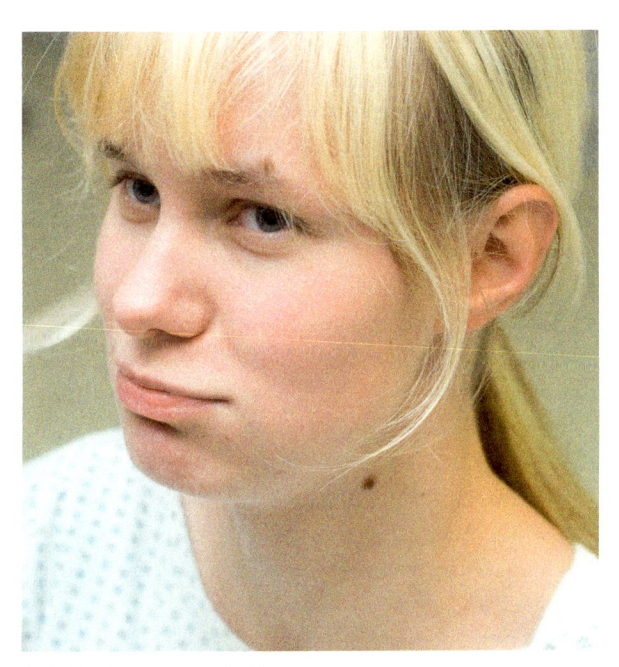

47.1 Daniela am Arbeitsplatz

Lebensweisen analysieren

Eine genaue Analyse der Lebensweise eines Menschen kann hilfreich sein, um die Lebensführung im Hinblick auf Wohlbefinden zu untersuchen, auszuwerten und Tipps zur Unterstützung der Gesundheit zu geben.

So kann ich eine Lebensweise analysieren

1. Informationen hinsichtlich der Lebensführung einer Person einholen (z. B. durch Befragung).

2. Ergebnisse in einen Analysebogen eintragen.

Bereich	Aspekte	+	o	–
Körperliches Wohlbefinden	Körpersignale			
	Ernährung			
	...			
Seelisches Wohlbefinden	Zufriedenheit			
	Ausgeglichenheit			
	...			
Soziales Wohlbefinden	Kontakt zu anderen			
	Freizeitbeschäftigungen			
	...			

3. Ergebnis auswerten: Markiert Ergebnisse, die gesundheitsförderlich sind und Ergebnisse, die ihr für gesundheitsbedenklich haltet.

Aufgaben

1. Analysiert Danielas Lebensweise und stellt gesunderhaltende und bedenkliche Verhaltensweisen gegenüber.
2. Formuliert Tipps zur gesunden Lebensführung.

Move your life – Bewegung im Alltag

In den vergangenen Jahren häufen sich Nachrichten über mangelnde Bewegung von Kindern und Jugendlichen. Die Studie „Health Behaviour in School-aged Children" (HBSC) zeigt, wie hoch der Anteil der 15-Jährigen ist, die an fünf Tagen einer Woche mäßig bis intensiv körperlich aktiv sind.

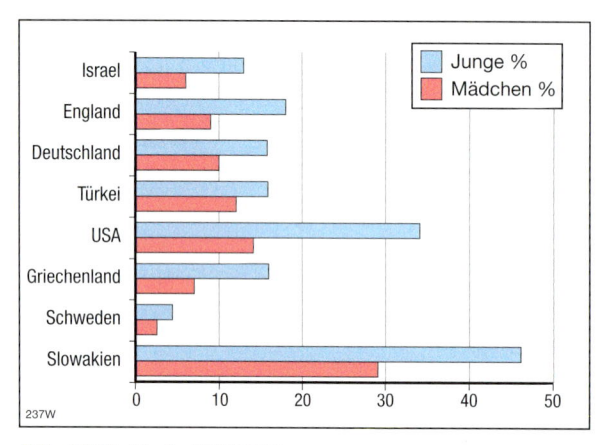

48.1 HBSC-Studie 2005/2006

48.2 Inline-Skater

Aufgaben

1. Diskutiert über die Ergebnisse der Bewegungsstudie.
2. Sucht in eurer Umgebung nach Experten zum Thema „Bewegung im Alltag" (z. B. Fitnesscoaches, Vereinstrainer, Ernährungsberater, Sportlehrer, ...) und führt mit ihnen eine Expertenbefragung durch.

Interview mit Dominik Daul, Bewegungsexperte und Inlineskate-Trainer:

Frage: „Guten Tag Herr Daul. Danke dafür, dass Sie uns für dieses Interview zur Verfügung stehen. Wie sind Sie zum Inlineskaten gekommen?"

Antwort: „Ich war schon immer sportlich aktiv. Heute bin ich beruflich viel unterwegs. Beim Inlineskaten bin ich unabhängig und kann die Geschwindigkeit voll genießen."

Frage: „Warum ist Bewegung so wichtig?"

Antwort: „Körperliche Aktivität, Gesundheit und Lebensqualität stehen in engem Zusammenhang. Der menschliche Körper braucht Bewegung, um optimal funktionieren zu können und gesund zu bleiben."

Frage: „Was ist Bewegung überhaupt?"

Antwort: „Jede Körperbewegung ist mit dem Zusammenziehen der Muskeln verbunden. Von körperlicher Bewegung spricht man dann, wenn der Energieverbrauch des Körpers höher ist als im Ruhezustand."

Frage: „Gibt es verschiedene Arten von Bewegung?"

Antwort: „Man kann Bewegung unterscheiden hinsichtlich sportlicher Betätigung, beruflicher körperlicher Aktivität und Bewegung im täglichen Umfeld."

Frage: „Wie überwinden Sie Ihren inneren Schweinehund, wenn Sie mal keine Lust haben?"

Antwort: „Ich plane jede Woche feste Zeiten für Sport ein und achte darauf, diese auch einzuhalten."

Frage: „Was empfehlen Sie einem Anfänger, der mehr Bewegung in sein Leben bringen möchte?"

Antwort: „Gerade für Anfänger ist es wichtig, sich im Alltag mehr zu bewegen. Das heißt z. B. die Treppe statt den Fahrstuhl zu benutzen. Anfänger sollten sich Ziele setzen, die in einer überschaubaren Zeit auch tatsächlich erreicht werden können. Auch ist es toll, sich mit Freunden regelmäßig zu kleinen Lauf-Touren an der frischen Luft zu treffen."

„Wir bedanken uns für das Interview."

Ernährung und Bewegung

M Methode: Expertenbefragung

Bei einer Expertenbefragung wird eine Fachperson (= Experte) über ihr Wissen zu einem Thema interviewt. Der Experte kann in den Unterricht eingeladen oder vor Ort interviewt werden.
Eine Expertenbefragung erfolgt in drei Phasen und neun Schritten:

Phasen	Interviewer	Experte
Vorbereitung	**Vorbereitung der Befragung:** • Ziele und Durchführung des Interviews (Wer? Was? Wie? Wo?) **Inhaltliche Erarbeitung:** • Informationen sammeln (zur Expertenperson und dem Arbeitsfeld) • Interviewfragen formulieren und notieren. **Befragungsablauf planen:** • Wer begrüßt die Expertin/den Experten? • Wer leitet die Befragung? • Wer stellt die Fragen? • Wie werden die Antworten festgehalten (Tonband, Mitschrieb, Filmaufnahme)? Wer ist dafür zuständig? • Werden Fotos gemacht? Wer macht diese? **Befragung üben:** • z. B. im Rollenspiel	**Kontaktaufnahme mit der Expertin/dem Experten:** • Sich und sein Anliegen vorstellen • Information über die Schule, die Lerngruppe, die Unterrichtseinheit, das Thema etc. • Bereitschaft zur Befragung einholen • Ort und Zeit der Befragung vereinbaren
Durchführung		**Befragung durchführen:** • Sitzordnung gestalten • Begrüßung • Absprachen über Durchführung (z. B. Verwendung von Medien, Informationsmaterial, ...) • Interview • Schlusswort, Dank und Verabschiedung
Auswertung	**Ergebnissammlung:** • Reinschrift der Notizen und Aufzeichnungen • Zusammenfassung der Ergebnisse **Präsentation der Ergebnisse der Befragung** • Dokumentation • Diskussion	**Rückmeldung an die Expertin/den Experten**

Wie fit bin ich?

Auf die Fitness des Menschen hat Sport großen Einfluss. Wenn man sich körperlich betätigt, heißt dies jedoch nicht, dass man in allen Fitness-Kategorien gleich gut abschneidet.

So führt regelmäßiges Joggen zwar zu guter Ausdauer, leistet aber nur einen geringen Beitrag zur Kraft oder Koordination. Kraftsportler hingegen strotzen vor Muskelpower, zeigen jedoch häufig Schwächen bei Übungen zur Beweglichkeit. Für eine gute Leistungsfähigkeit in Schule, Beruf und Freizeit ist es von Vorteil, fit in folgenden **fünf Fitnessbereichen** zu sein:

Kraft

Durch Kraft ist es möglich, Widerstände zu überwinden, ihnen entgegenzuwirken oder sie zu halten. Dies geschieht durch die Bewegung der Muskeln. Bereits mit Mitte zwanzig reduzieren sich die Muskeln im Körper, wenn sie nicht ständig trainiert werden. Muskeln helfen auch, das Körpergewicht zu regulieren, da sie beim Bewegen Kalorien verbrennen. Jeder Mensch benötigt Muskelkraft z. B. beim Tragen von schweren Kisten, Tüten usw.

Ausdauer

Wer die Fähigkeit besitzt, gleichartige Bewegungsabläufe über eine möglichst lange Zeit hinweg zu erbringen ohne dabei vorzeitig körperlich oder geistig zu ermüden, besitzt eine gute Kondition und Ausdauer. Dieses Durchhaltevermögen trägt zu einem gesunden Immun- und Herz-Kreislauf-System bei. Auch werden Belastungen durch Stress verringert. Typische Ausdauersportarten sind z. B. Fahrradfahren, Langstreckenlauf und Rudern.

Schnelligkeit

Menschen, die die Fähigkeit haben, auf ein Signal (z. B. Startschuss) schnell zu reagieren und schnelle Bewegungen durchzuführen, sind in dieser Kategorie besonders fit.

Beweglichkeit

Beweglichkeit, Gelenkigkeit und Geschmeidigkeit stehen eng im Zusammenhang mit den Empfindungen gegenüber eigenen Bewegungen und Körpergefühlen. Bewegliche Menschen haben einen fließenden Bewegungsablauf. Bewusstes Erleben von Spannung und Entspannung kann außerdem Verkrampfungen und Muskelverhärtungen lösen, für eine bessere Durchblutung der Muskeln sorgen und damit die Erholung beschleunigen.

Koordination

Gezielte Bewegungen erfordern Koordination aller beteiligten Muskeln und Nerven. Die Koordination ist umso besser ausgeprägt, je flüssiger, präziser und schneller Bewegungen ausgeführt werden können.

Koordination ist auch die Voraussetzung für einen guten Gleichgewichtssinn und eine gute Körperbeherrschung.

Aufgaben

1. Recherchiert, wie ihr eure Fitness in den einzelnen Bereichen testen könnt.
2. Wie fit seid ihr in den einzelnen Fitness-Bereichen?
3. Ordnet die Fitnessbereiche euren Lieblingssportarten zu.

Ernährung und Bewegung

Sich selbst wahrnehmen

Das Herz versorgt über den Kreislauf die Organe im Körper mit Blut. Dabei kann es seine Pumpleistung erhöhen, wenn dies erforderlich ist, z. B. bei körperlicher Aktivität und Anstrengung. Durch regelmäßiges Messen des Pulses lässt sich diese Herz-Kreislauf-Funktion wahrnehmen und beurteilen.

Der **Ruhepuls** lässt sich am besten unmittelbar vor dem Aufstehen am Morgen messen. Bei einem gesunden Menschen beträgt er 50–100 Schläge pro Minute.
Direkt im Anschluss an körperliche Betätigungen misst man den **Trainingspuls**. Der optimale Trainingspuls kann mit folgender Formel berechnet werden: 180 minus Lebensalter.
Zwei Minuten nach Trainingsende sollte der **Regenerationspuls** kontrolliert werden. Er verrät, wie schnell man sich von der Belastung erholt und sollte mindestens 30 Schläge weniger als der Trainingspuls sein.

Normalerweise sind die Pulswerte immer recht konstant. Kommt es plötzlich zu starken Abweichungen, kann das auf zu viel Stress oder zu intensives körperliches Training hinweisen. Dann gilt es, den Puls zu regulieren, z. B. indem man versucht, bei Entspannungsübungen ganz bewusst den eigenen Körper wahrzunehmen, zur Ruhe zu kommen und dabei den Pulsschlag zu regulieren.

Info

Puls messen: So geht's
Du brauchst zum Pulsmessen eine Uhr oder ein Handy mit Sekundenanzeige. Lege deinen Zeige- und Mittelfinger direkt unterhalb der Handwurzel auf die Innenseite des Handgelenkes.

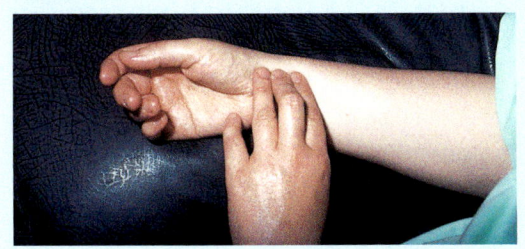

Versuche mit diesen beiden Fingern den Puls zu spüren. Eventuell musst du die Position deiner Fingerspitzen etwas verändern, um den Puls zu finden. Sobald du den Puls spürst, bleibst du mit den Fingern an dieser Stelle. Nun zählst du 15 Sekunden lang den Pulsschlag. Multipliziere den gemessenen Pulswert mit vier, dann hast du den aktuellen Puls pro Minute.

Den Rücken entspannen:
Neige deinen Rumpf im Stehen nach vorne, bis er fast auf den Beinen liegt. Umfasse die Oberschenkel mit den Armen und drücke den Rücken rund nach oben. Halte diese Position 15 Sekunden lang.

Den Bauch entspannen:
Setze dich aufrecht hin und ziehe den Bauchnabel 20 Sekunden lang Richtung Wirbelsäule ein. Spanne den Bauch dabei an.
Atme weiter.

Den Rumpf entspannen:
Setze dich aufrecht hin und stelle deine Füße hüftbreit auf den Boden. Strecke den linken Arm nach oben und halte den Kopf gerade. Ziehe den Arm und Rücken lang nach oben. Atme 3–5 Mal tief ein und aus. Wechsle dann die Armseite.

Brust und Arme entspannen:
Sitze oder stehe aufrecht. Presse deine Handflächen flach und waagerecht fest zusammen. Halte diese Spannung für 20 Sekunden.

51.1 Entspannungsübungen

Aufgaben

1 Miss deinen Puls in drei Schritten: Ruhepuls, Trainingspuls und Regenerationspuls. Wie schnell kannst du dich erholen?

2 Führt die Entspannungsübungen durch und tauscht euch über eure Erfahrungen aus.

Fitnessangebote recherchieren

Die Fitnessbranche boomt und es gibt zahlreiche Angebote, um sich fit zu halten. Angebote sind Vorschläge, welche die Fitnessbranche macht. Diese umfassen sportliche Aktivitäten in einem Verein, Besuch eines Volkshochschulkurses, Beitritt in spezielle Fitnessclubs, mit Bekannten oder alleine an der frischen Luft Sport auszuüben oder auch zu Hause mithilfe einer DVD Übungen zu machen.

52.1 Vielfältige Fitnessangebote

Sicherlich gibt es auch bei euch vor Ort viele Fitnessangebote. Bei der erfolgreichen Recherche kann folgende Vorgehensweise hilfreich sein:

1. Was?	2. Wo?	3. Wie?	4. Fertig?
Wonach suche ich? • Fitnessangebote in meinem Ort: Wer bietet Kraftsportarten an? Wo kann ich meine Ausdauer trainieren? Gibt es Fitnessangebote, um die Beweglichkeit zu verbessern? …	Welche Quellen kann ich für die Recherche nutzen? • Internet, Gelbe Seiten, Zeitung, Gemeindeverwaltung, Flyer, Aushänge, …	Wie erhalte ich die notwendigen Informationen? • Anruf, Internet-Suchmaschine, Registersuche, Gespräch, …	Habe ich die passenden Informationen gefunden? Ist der Informationsbedarf vollständig gedeckt? • Ja. – Recherche ist beendet. • Nein: – Zusätzliche Informationsquellen verwenden (Schritt 2).

Aufgaben

1. Welche Fitnessangebote sprechen dich besonders an? Begründe.
2. Recherchiert unterschiedliche Fitnessangebote bei euch vor Ort. Teilt euch hierfür in Gruppen auf.

Ernährung und Bewegung

Angebote bewerten und nutzen

Oft treffen wir Entscheidungen aus dem Bauch heraus. Diese werden nicht selten später bereut. Bei der Auswahl eines passenden Fitnessangebotes sollte man daher vorab die Angebote prüfen. Dies kann bei der Entscheidung für ein Angebot helfen. Nicht zuletzt ist die richtige Wahl auch wichtig, um einen anhaltenden Trainingseffekt und Spaß an der Bewegung zu ermöglichen.

Prüfliste für Fitnessangebote	
Kriterien	
Das kann man vorab prüfen:	
Kosten (z. B. für Mitgliedschaft, Training, Kurse, Trainer, Beratung, …): _____	
Vertragslaufzeit (z. B. monatliche Kündigungsfrist, Jahresbindung, Kündigungsfristen, …) : _____	
Das prüft man vor Ort:	
Angebot (z. B. vielseitige Kursangebote, Angebote für Frauen, …)	
Trainingsfläche (z. B. Hygiene, Sauberkeit, Belüftung, Beleuchtung, …)	
Betreuung/Trainerstunden (z. B. ausgebildete Trainer, Freundlichkeit, …)	
Zeit (z. B. passende Öffnungszeiten, …)	
Zeitaufwand (z. B. Anfahrt, Kursdauer, …)	
Zusatzkosten (z. B. für spezielles Trainingsgerät, Ausrüstung, Kleidung, …)	
…	

53.1 Prüfliste für Fitnessangebote

Info

Probetraining: Bevor man einen Vertrag abschließt, hat man in vielen Vereinen und Fitnessclubs die Möglichkeit, die Angebote im Rahmen eines Probetrainings kostenlos zu testen und sich qualifiziert beraten zu lassen.

Aufgaben

1. Überprüft Fitness-Angebote vor Ort anhand der Checkliste.
2. Überlegt, zu wem die Angebote passen könnten (z. B. Auszubildende, Schüler, an Kraftsport interessierter Kunde, …).

Bewegungspausen in der Schule

Häufig sitzen wir zu lange ohne Unterbrechung, haben Muskelverspannungen oder Kopfschmerzen. Damit das volle Leistungsvermögen erbracht werden kann, ist es nötig, dass man sich körperlich bewegt. Bewegung steigert die Sauerstoffversorgung des Gehirns und die Versorgung der Körperzellen mit Nährstoffen. Auch bleiben Gelenke und Muskeln durch Bewegung geschmeidig und ausdauernd. Selbst durch kleine Bewegungspausen in der Schule, bei der Arbeit oder in der Freizeit kann man sein körperliches Wohlbefinden steigern und seine Leistungsfähigkeit erhöhen.

Wohlbefinden und Leistungsfähigkeit erlangt man durch das Pendeln zwischen:

spannen	entspannen
bewegen	ruhen
sich konzentrieren	abschalten

Tipps für die Durchführung von Bewegungsübungen:

Tipp 1: Ausführung der Bewegungen
Bewegungsübungen sollten locker und mit geringem Krafteinsatz ausgeführt werden.

Tipp 2: Bewegungsablauf
Die Bewegungen sollten rund, geschmeidig und harmonisch aussehen.

Tipp 3: Atmung
Das entspannte Einatmen durch die Nase entspricht 1/3 des Atemrhythmus. Das Ausatmen mit Pause macht 2/3 des Atemrhythmus aus. „Einatmen – Ausatmen – Pause"

Bewegungsübungen

Übungen für bewegliche Gelenke
Übung: Serviertablett
Ziel: Mobilisierung der Gelenke und Lösen von Muskelverspannungen
Anleitung: Lege dir ein Buch auf die flache Hand und trage es wie ein Serviertablett. Überlege dir, was du alles mit diesem Tablett machen kannst, ohne die Getränke darauf zu verschütten. Erprobe möglichst viele verschiedene fließende Bewegungen von einer Körperposition in die nächste.
Variation: Nimm zwei Serviertabletts.

54.1 Bewegungsübung: Serviertablett

Übung: Auf der Stelle joggen
Ziel: Anregung des Kreislaufs und Schärfung der Wahrnehmung
Anleitung: Stell in etwa einem Meter Abstand einen Stuhl vor dich hin. Jogge locker auf der Stelle. Ein Spielleiter sagt immer wieder ein Körperteil an (z. B. rechtes Ohrläppchen, linker Zeigefinger, rechte Zehenspitze, ...), mit dem du kurz deine Stuhlfläche berührst, bevor du auf der Stelle weiterjoggst.

54.2 Bewegungsübung: Auf der Stelle joggen

Ernährung und Bewegung

Übungen zur Aktivierung der Muskulatur

Übung: Spinning
Ziel: Aktivierung der Bauchmuskulatur
Anleitung: Setz dich auf die vordere Kante deines Stuhls und beuge den Oberkörper gerade nach hinten, sodass du stabil sitzt. Stell dir vor, du fährst auf einer abwechslungsreichen Strecke Fahrrad: tritt schnell in die Pedale, lehne dich in eine starke Rechtskurve, beschleunige, richte dich auf, ...
Variation: Verändere deine Sitzposition und/oder bewege deine Arme dazu.

55.1 Bewegungsübung: Spinning

Übung: Freeze (Klassenübung)
Ziel: Stärkung der Muskulatur
Anleitung: Legt peppige Musik auf und bewegt euch dazu mit coolen Bewegungen passend im Takt. Sobald die Musik stoppt, haltet ihr schnellstmöglich an („freeze" = einfrieren). Dabei versucht ihr, eure „eingefrorene" Körperposition zu halten ohne das Gleichgewicht zu verlieren. Sobald die Musik wieder läuft, bewegt ihr euch weiter.
Variation: Achtet beim Ausführen cooler Bewegungen auch auf den passenden Gesichtsausdruck.

55.2 Bewegungsübung: Freeze

Übungen für bessere Konzentration

Übung: Geometrie
Ziel: Verbesserung der Koordination und Konzentration auf den eigenen Körper
Anleitung: Stehe aufrecht und bequem. Zeichne mit dem rechten Fußballen ein großes Dreieck auf den Boden. Zeichne gleichzeitig mit deiner linken Handfläche einen großen Kreis auf deinen Bauch.
Variation: Handfläche und Fußballen machen weitere unterschiedliche Bewegungsformen.

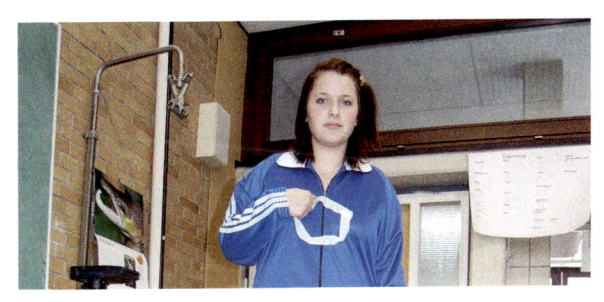

55.3 Bewegungsübung: Geometrie

Übung: Fliegende Bleistifte (Partnerübung)
Ziel: Konzentrationsaufbau
Anleitung: Steht euch gegenüber und haltet zwischen euren Zeigefingern je einen Bleistift. Schließt eure Augen und versucht möglichst viele Bewegungen auszuführen, ohne dass die Bleistifte zu Boden fallen.

55.4 Bewegungsübung: Fliegende Bleistifte

Aufgaben

1. Führt die Bewegungsübungen durch und tauscht euch über eure Erfahrungen aus.
2. Recherchiert nach weiteren Übungen für Bewegungspausen und gestaltet diese an eurer Schule.

Eventmanagement: Einen Fitnesstag an unserer Schule planen

Bei der Planung eines Fitnesstages-Events an eurer Schule müssen die Fitnessangebote systematisch geplant, organisiert und auch durchgeführt werden. Die Methode des Eventmanagements kann dabei helfen (siehe S. 38). Die beiden Phasen „Vorüberlegungen" und „Erstellen eines Event-Konzepts" sind bei der Planung eines Fitnesstages von besonderer Bedeutung.

Vorüberlegungen:

Fitnessangebote müssen „sicher" gestaltet werden:
- Sicherheitsfragen bei der Durchführung der Angebote klären (z. B. durch Erprobung der Nutzung von Geräten, Durchführung der Spiele im Schulhof, ...)
- Aufsichtspflicht klären
- Haftung erfragen
- versicherungsrechtliche Fragen beantworten
- Erste-Hilfe-Maßnahmen kennen und organisieren
- Unfallgefahren minimieren
- Notfallplan erstellen

Fitnessangebote müssen vielseitig und altersangemessen sein:
- Bedürfnisse der Zielgruppe berücksichtigen
- dem Alter der Teilnehmer gerecht werden
- sportliche Fähigkeiten und Neigungen erfragen
- attraktive Fitnessangebote recherchieren

Fitnessangebote müssen sich auf „Besonderheiten" der Teilnehmer einstellen und ihnen gerecht werden:
- freiwillige oder unfreiwillige Teilnahme an den Fitnessangeboten – Lust oder Unlust
- bewegliche, sportliche Schüler oder eher Schüler mit mangelnder Beweglichkeit
- geschlechtsspezifische Interessen von Jungen und Mädchen
- Herkunft und soziale Zusammenhänge der Schüler und damit verbundene Besonderheiten für Sportveranstaltungen (z. B. Kleiderordnung)
- Teilnehmende sind in Bewegung, kommen und gehen, wechseln Orte etc.
- manche Schüler lassen sich nicht gerne zu Angeboten animieren, sondern sind lieber für sich und ziehen sich zurück

Erstellen eines Event-Konzepts:

Eventprinzipien:

Erlebnisorientierung: An unterschiedlichen Orten und Räumlichkeiten sollen die Schüler Möglichkeiten erhalten, Fitnessangebote zu nutzen, welche sie emotional ansprechen und positiv sind.

Beteiligung: Die Schüler müssen durch den Fitnesstag dazu angeregt werden, selbst aktiv zu sein. Die Interessen, Bedürfnisse und Voraussetzungen der Teilnehmer müssen berücksichtigt werden.

Inszenierung: Der Fitnessort ist vorbereitet und „sicher" gestaltet.

Konzept: Die Fitnessangebote werden selbst überlegt und eigenständig entwickelt. Nötige Qualifikationen werden erworben oder es werden Experten einbezogen.

56.1 Schüler planen einen Fitnesstag.

Ernährung und Bewegung

Beispiele für Fitness-Events

57.1 Eine 8. Klasse im Hochseilgarten

57.2 Sechstklässler bei der Höhlendurchquerung

57.3 Capoeira

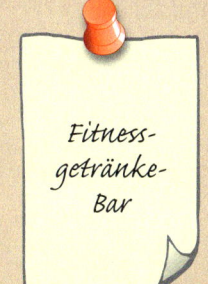

Flur-Flitzer-Spiele

Nordic-Walking-Ausflug der Fünftklässler

Fitnessgetränke-Bar

57.4 Fitnesstag der Schule im Fitnessstudio

57.5 Sportfest

57.6 Grundschüler im Geschicklichkeitsparcour

Aufgabe

Plant einen Fitnesstag für Schüler eurer Schule und führt diesen durch.

Ernährungstypen auf der Spur

Gefühle haben einen großen Einfluss auf unser Ernährungsverhalten. Es gibt Menschen, die bei Stress vermehrt essen und andere Menschen, die stets in Hektik Nahrung zu sich nehmen. Wenn man sich über einen längeren Zeitraum in einem Gefühlszustand befindet, können verschiedene Ernährungstypen entstehen: Impuls-Esstyp, Genuss-Esstyp, Stress-Esstyp und Ablenkungs-Esstyp.

Diese Ernährungstypen sind jedoch nicht starr und unveränderbar. Sie verändern sich je nach Lebenssituation und Gefühlszustand. Auch gibt es Mischformen der Ernährungstypen, sodass nicht immer eine eindeutige Zuordnung möglich ist. Der folgende Fragebogen kann helfen herauszufinden, was dein Ernährungsverhalten zurzeit beeinflusst. Du kannst überlegen, warum das so ist.

Fragen 1–6	Fragen 7–12	Fragen 13–18	Fragen 19–24
1. Isst du oft im Stehen?	7. Isst du langsam?	13. Grübelst du häufig?	19. Hast du manchmal unruhige Träume?
2. Fällt es dir schwer, dich daran zu erinnern, was du gestern oder vorgestern alles gegessen hast?	8. Lässt du das Essen stehen, wenn es deinen Erwartungen nicht entspricht?	14. Versuchst du dich mit Essen zu beruhigen, wenn du angespannt oder verärgert bist?	20. Versuchst du manchmal, dich mit Essen von einem Problem abzulenken?
3. Isst du häufig zwischen den Mahlzeiten?	9. Probierst du gern verschiedene Nahrungsmittel?	15. Bist du eher nervös und sensibel?	21. Fällt es dir schwer, dich selbst zu behaupten?
4. Bist du meistens schneller mit dem Essen fertig als die anderen?	10. Ist dir die Qualität eines Lebensmittels wichtiger als die Menge?	16. Ist dir das Kauen wichtiger als das, was du isst?	22. Bist du dir manchmal über deine Gefühle im Unklaren?
5. Isst du häufig Fingerfood?	11. Magst du besonders gern süße und fettige Speisen?	17. Fällt es dir schwer, dich zu entspannen?	23. Möchtest du es anderen immer recht machen?
6. Machst du während des Essens noch andere Dinge (z. B. Fernsehen)?	12. Ist Essen für dich eine deiner Lieblingsbeschäftigungen?	18. Kannst du nur schwer widerstehen, wenn etwas Essbares vor dir steht?	24. Hast du Probleme, die dir wie ein unbezwingbarer Berg vorkommen?

Testauswertung:

Fragen 1–6: mindestens viermal „ja" angekreuzt
Impuls-Esstyp: Dieser Esstyp nimmt sich selten Zeit zum Essen. Er isst nebenbei und die Speisen müssen schnell zu verzehren sein. Mit Genuss hat das selten etwas zu tun.

Fragen 7–12: mindestens viermal „ja" angekreuzt
Genuss-Esstyp: Dieser Esstyp achtet auf die Qualität seiner Nahrung. Er liebt es, neue Dinge auszuprobieren. Oftmals werden auch Süßspeisen bevorzugt, was nicht ohne Konsequenzen für das Körpergewicht bleibt.

Fragen 13–18: mindestens viermal „ja" angekreuzt
Stress-Esstyp: Dieser Esstyp isst bei Stress um sich zu beruhigen. Dabei ist es ihm ziemlich egal, was er isst. Oft ist es fettreich und süß.

Fragen 19–24: mindestens viermal „ja" angekreuzt
Ablenkungs-Esstyp: Dieser Esstyp isst, um sich von eigenen Problemen abzulenken. Häufig hat er zu viel Gewicht und schiebt unangenehme Dinge vor sich her.

Aufgaben

1. Beantworte die Fragen des Ernährungstypentests und notiere, ob du mit „ja" oder „nein" antwortest. Denke bei der Beantwortung an die letzten drei Tage.
2. Sprecht über eure Testergebnisse.
3. Verdeutlicht eure gegebenen Antworten mit erlebten Beispielen aus eurem Alltag.

Appetitfallen ... und Tipps, wie man ihnen entkommt

Vielfalt ist verführerisch!
Wir lassen uns von einer breiten Angebotsvielfalt verführen, mehr zu essen.

Experiment: Fernsehzuschauer erhielten Schokolinsen zum Naschen. Die Hälfte der Zuschauer erhielt Schokolinsen in sieben verschiedenen Farben, die andere Hälfte zehn verschiedene.

Ergebnis: Die Testpersonen mit den zehnfarbigen Linsen aßen über 70 % mehr als die anderen.

Tipp: Jeder lässt sich im Alltag von der Vielfalt beeinflussen. Es kann helfen, sich immer nur zwei verschiedene Dinge auf den Teller zu nehmen. Je geringer die Auswahl, desto langsamer die Essgeschwindigkeit, desto eher spürt man ein Sättigungsgefühl.

„Die innere Uhr"!
Gewohnheiten – und nicht das Hungergefühl bestimmen unser Essverhalten.

Experiment: Schlanke und übergewichtige Testpersonen wurden jeweils einen Tag in einem Versuchsraum mit aufgebauten Speisen beobachtet. In den beiden Räumen lief die Uhr schneller als normal. Bereits um 10 Uhr zeigte diese 12 Uhr an.

Ergebnis: Die übergewichtigen Testpersonen richteten ihr Essen nach der falschen Uhrzeit, die schlanken verließen sich auf ihre innere Uhr.

Tipp: Dieser Appetitfalle kann man entfliehen, wenn man gezielt seine eigenen Körpersignale wahrnimmt und auf diese hört, statt sich von äußeren Reizen beeinflussen zu lassen. Es kann auch helfen, eine Woche lang ein Ernährungstagebuch zu führen, in dem man notiert, wann und wie viel man gegessen hat und in welchem Gefühlszustand man sich vor dem Essen befand.

Ablenkung macht hungrig!
Wir essen mehr, wenn wir abgelenkt werden (z. B. durch TV, Radio).

Experiment: Beim Mittagessen lauschte eine Testgruppe dem Radio, wohingegen die andere keine Ablenkung bekam.

Ergebnis: Diejenigen, welche Radio hörten, aßen im Schnitt 15 % mehr.

Tipp: Wer Ablenkungsfallen kennt, kann darauf achten, sich nicht verführen zu lassen. Planvolles Essen (z. B. am Tisch sitzen statt vor dem Fernseher) kann helfen, die eigenen Schwächen zu überwinden.

Optische Täuschung!
Je größer die Verpackung ist, umso mehr essen wir.

Experiment: Zuschauer eines Fußballspiels erhielten Chips in kleinen und großen Tüten.

Ergebnis: Diejenigen, welche aus den großen Tüten aßen, verspeisten 59 % mehr Chips als die anderen.

Tipp: Großen Portionen können nur wenige widerstehen. Darum ist es hilfreich, das Essen kleiner zu portionieren, auf kleinere Teller anzurichten, mit kleinen Löffeln zu essen usw.
Wer zu wenig trinkt, kann diesen Effekt auch umkehren, indem er große Gläser verwendet

Aufgabe
Welche Appetitfallen kennt ihr? Berichtet und nennt eigene Beispiele.

Wir kochen für andere!

Das Leben jedes einzelnen verläuft unterschiedlich. Verschiedene Lebensstile, Ernährungsgewohnheiten und Vorlieben beeinflussen den Alltag und damit auch das Ernährungsverhalten von Menschen. Für andere zu kochen bedeutet, eigene Interessen zurückzustellen und die Lebenssituationen, Wünsche und Vorstellungen anderer bei der Zubereitung von Speisen zu berücksichtigen. Dabei sollten Tipps für gesundheitsförderliche Mahlzeiten jedoch berücksichtigt und aufgenommen werden.

Das Essen der anderen: Drei Fallbeispiele

60.2 Schüler einer 8. Klasse

„Wir kochen einmal im Monat für unsere Patenklasse ein Mittagessen. Für die Viertklässler ist es wichtig, dass sie durch das Essen viel Energie zum Lernen bekommen. Auch darf die Zubereitung des Essens nicht allzu viel Zeit in Anspruch nehmen, da uns die Schulküche nur für eine Doppelstunde zur Verfügung steht. Aufgrund der Kultur und Religion gibt es in der Klasse einige Schüler, die kein Schweinefleisch essen."

60.1 Sylvie, 24 Jahre, berufstätig

„Ich liebe Tiere und bin darum vor sechs Jahren Vegetarierin geworden. Fleisch vermisse ich nicht auf meinem Speiseplan. Zum Frühstück gibt es bei mir meist einen Joghurt und eine Tasse Kaffee. Im Büro sitze ich direkt neben der Kaffeeküche, das ist sehr praktisch, weil ich mir immer schnell eine Tasse Kaffee holen kann. Für längere Pausen fehlt mir fast immer die Zeit. In der Mittagspause gehe ich meistens zum vegetarischen Fast-Food-Laden gegenüber und esse ein warmes Gericht. Das ist auf die Dauer aber richtig teuer. Eigentlich würde ich mir gerne zu Hause etwas zum Essen vorbereiten und dann zur Arbeit mitnehmen. Das müsste aber schnell vorzubereiten sein."

60.3 Georgeos, 15 Jahre

„Schon seit meiner Kindheit leide ich an einer Milchunverträglichkeit und alle müssen beim Essen auf mich Rücksicht nehmen. Selbst Getränke muss ich daraufhin überprüfen, ob Milchbestandteile (wie z. B. Molke) darin enthalten sind. Bald werden meine Freunde zum Essen kommen. Was könnte ich da kochen?"

Ernährung und Bewegung

Für andere kochen

Wenn man für andere ein Essen zubereitet, sollte man sich auf die jeweilige Lebenssituation, die Bedürfnisse und Vorlieben seiner Gäste einstellen und anpassen. Dies erfordert, dass man möglichst viel über die Lebenssituation und das Ernährungsverhalten weiß. Die folgenden Schritte können bei der Planung, Zubereitung und beim Anrichten des Essens helfen.

Kochen für andere bedeutet:

1. **Vorüberlegen:**
   Für wen kochen wir?

2. **Analysieren:**
   Fallanalyse durchführen: Analyse der Lebenssituation, des Ernährungsverhaltens und der Wünsche bezüglich des Essens.

3. **Klären:**
   Voraussetzungen und Organisation klären: Wo wird gekocht (wird das Essen vor Ort zubereitet oder an der Schule)? Wo wird gegessen? Wie wird das Essen präsentiert? ...

4. **Erproben:**
   Essensvorschläge werden geplant und zubereitet.

5. **Entscheiden:**
   - Was wird gekocht?
   - Wie wird gekocht?
   - Wer erledigt welche Aufgaben?
   - Wie werden die Speisen präsentiert und angerichtet?
   - ...

6. **Durchführen:**
   - Das Essen wird zubereitet.
   - Die Speisen werden präsentiert.
   - Die Esssituation wird gestaltet (Tisch decken, Tischdekoration, ...).
   - Der Gast isst/die Gäste essen die zubereiteten Speisen.
   - ...

7. **Beurteilen und auswerten:**
   Die Phasen Vorüberlegen, Analysieren, Klären, Erproben, Entscheiden und Durchführen werden selbst beurteilt:
   - Stärken: Was ist uns gut gelungen?
   - Schwächen: Wo gab es Probleme?
   - ...

Folgende Faktoren spielen bei der Planung und Zubereitung gesundheitsförderlicher Speisen eine entscheidende Rolle und sollten berücksichtigt werden:

Zeit, Geld, Ideen, Einkauf, Rezeptauswahl, eigenes Können, Lebensmittelauswahl, Gestaltung der Esssituation, Anrichten der Speisen, Quantität, Qualität, Arbeitsorganisation, Nährstoffgehalt

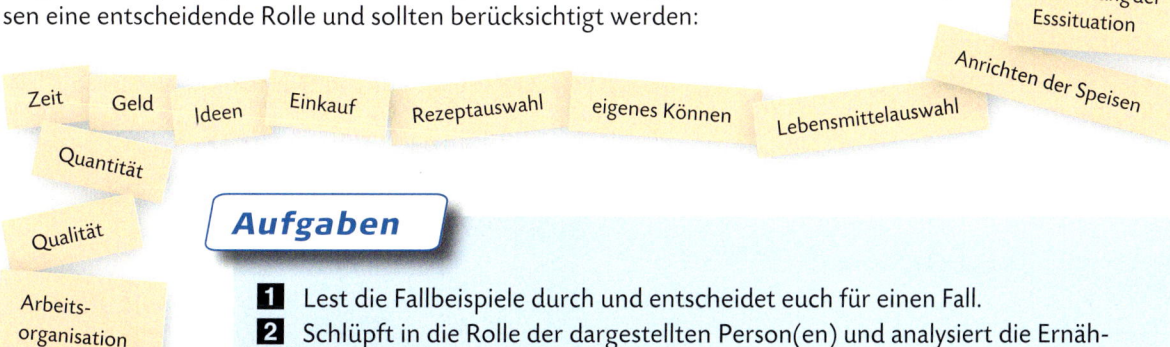

Aufgaben

1. Lest die Fallbeispiele durch und entscheidet euch für einen Fall.
2. Schlüpft in die Rolle der dargestellten Person(en) und analysiert die Ernährungssituation.
3. Bereitet für ausgewählte Personen ein der Situation angemessenes, gesundheitsförderliches Essen zu.

Kochen für andere – Achtklässler bereiten für ihre Patenklasse ein Mittagessen zu

So könnte es aussehen, wenn man für die Patenklasse kocht:

1. Vorüberlegen:
Für wen kochen wir?
Es soll ein Essen für die Viertklässler zubereitet werden.

2. Analysieren:
Fallanalyse durchführen.
Situation: Mittagessen, d. h. warmes Essen.
Ernährungsverhalten: Einige Schüler essen kein Schweinefleisch.
Wünsche: Das Essen soll Energie für das Lernen liefern.

3. Klären:
Voraussetzungen und Organisation klären:
- Die Zubereitung erfolgt in der Schulküche.
- Für die Zubereitung der Speisen stehen zwei Unterrichtsstunden zur Verfügung.
- Wie die Speisen angerichtet werden sollen, wo gegessen wird und wie viel Geld wir zur Verfügung haben, steht noch nicht fest.

4. Erproben:
Essen wird geplant und zubereitet:
Ein sinnvolles Mittagessen …
… stillt den Hunger für längere Zeit.
… ist aus frischen Lebensmitteln zubereitet und vollwertig.
… enthält wenig Fett und Zucker.
… sollte auch ungesüßte Getränke beinhalten.

Lebensmittel, die zu jeder Mahlzeit gehören:
- Obst und Gemüse
- Brot, Nudeln, Reis oder Kartoffeln (Sattmacher)
- Wasser, ungesüßte Früchte- oder Kräuterteesorten oder Saftschorle

Ideen
eigenes Können
Quantität
Qualität
Zeit   und   Geld
Rezeptauswahl
Arbeitsorganisation
Präsentation der Speisen
Nährstoffgehalt
Gestaltung der Esssituation
Lebensmittelauswahl
Einkauf

Rezeptideen erhält man in Koch- und Backbüchern oder im Internet (z. B. www.chefkoch.de).
- Prüfen, ob man die einzelnen Arbeitsschritte beherrscht und ob die notwendigen Geräte vorhanden sind.

In der vierten Klasse sind 26 Schülerinnen und Schüler. Entsprechend viel Essen muss zubereitet werden, Lebensmittel eingekauft und verarbeitet werden. Dies hat Auswirkungen auf

- Was ist in zwei Schulstunden machbar? Vorspeise, Hauptspeise und Nachtisch?
- Wie teilen wir uns die Arbeit auf?
- Wie viel Geld steht uns zur Verfügung?
- Wo können wir die Lebensmittel in guter Qualität einkaufen?

„Das Auge isst mit" – Die Speisen werden kindgerecht angerichtet. Die Viertklässler sollten bereits beim Anschauen Lust auf das Essen bekommen. Auch die Tische werden altersgemäß gestaltet.

Gestaltungsideen für Kindermahlzeiten:

62.1 Lustig verziertes Essen

62.2 Bunte Trinkhalme

Ernährung und Bewegung

5. Entscheiden:

Nachdem in Teams verschiedene Mahlzeiten für die Mittagspause der Viertklässler zubereitet wurden, wird gemeinsam entschieden, welches Mittagessen für die Patenklasse gekocht wird.
Ein Arbeitsplan wird erstellt, aus dem hervorgeht, wer was zu tun hat.

Arbeitsplan			
Zeit	Arbeitsschritte		
	Lisa	Stefan	Merit
...	...	...	...
...	...	...	...
...	...	...	...
...	...	...	...
...	...	...	...
...	...	...	...
...	...	...	...
...	...	...	...
...	...	...	...

63.1 Arbeitsplan zur Zubereitung

6. Durchführen:

Entsprechend dem Arbeitsplan wird das Mittagessen in einer Doppelstunde in der Schulküche zubereitet. Zeitgleich wird der Tisch gedeckt.

63.2 Schüler kochen für ihre Patenklasse

63.3 Präsentation der Speisen

Nach dem Mittagessen erfolgt das Abräumen, Geschirrspülen und Aufräumen.

7. Beurteilen und auswerten:

Gemeinsam wird eine Stärken-Schwächen-Analyse gemacht.

Stärken: Das hat gut geklappt ...	Schwächen: Das sollten wir verbessern ...
• Arbeitsaufteilung in der Küche • Einkauf der Lebensmittel • Dekoideen schnell gefunden • das Essen war lecker • ...	• Suchen der Rezeptideen und Einigung • es war laut beim Essen • ...

63.4 Stärken-Schwächen-Analyse

Aufgabe

Lest die Vorgehensweise. Was könnt ihr für euer Vorhaben übernehmen bzw. was habt ihr anders gemacht?

Fast Food vom Bäcker – schnelles Essen im Alltag

Fast unbemerkt haben sich Bäcker zum Fast-Food-Anbieter entwickelt.

Fast Food
(engl.) = schnelle Nahrung
Unter Fast-Food-Essen versteht man Speisen, die zubereitet und für den sofortigen Verzehr hergestellt werden. Zwischen Bestellung und Verzehr des Essens liegen meist weniger als acht Minuten.

Der Deutsche Backkongress für Bäckerei und Gastronomie warb 2010 mit dem Thema „Aufbruch mit neuen Food-Konzepten". Beim Kongress standen unter anderem folgende Schwerpunkte im Mittelpunkt:
- Kaffee, Snacks & Co.
- Außer-Haus-Verzehr
- Haben Bäckereien eine Chance gegen (...) Mc Donalds, Starbucks & Co?

Die beschriebenen Themen zeigen, dass die Bäckereibranche neue Konzepte und Strategien verfolgt um Kunden anzusprechen. Bäckereien passen sich der Lebensführung der Menschen an und berücksichtigen deren Bedürfnisse und Anforderungen hinsichtlich **Angebot, Kosten, Zeitaufwand** und **Atmosphäre**. So ist es möglich, beim Bäcker sowohl schnell einen warmen Snack zu bekommen als auch in angenehmer Umgebung gemütlich einen Kaffee zu trinken und ein Stück Kuchen zu essen. Mit frischem Gemüse und Obst belegte Backwaren werden ebenso angeboten wie Backwaren zur Selbstbedienung beim Discountbäcker.

	**Jumboportionen satt:** Die Gebäckstücke werden immer größer. So mancher Bäckersnack passt kaum auf einen Teller – aus der Tüte gegessen, fällt dies jedoch nicht auf. Viele Großportionen sind Schnäppchenangebote.
254 kcal. / 690 kcal. / 480 kcal. 	**Viele Kalorienbomben:** Häufig werden Gebäckstücke durch die Zugabe von Zucker und Fetten schmackhafter und haltbarer gemacht. Snacks vom Bäcker liefern oftmals mehr als 500 Kalorien (zum Vergleich: ein Cheeseburger von Mc Donalds hat 250 kcal).
	**Fette in rauen Mengen:** Viele Backwaren enthalten reichlich Fett. Vor allem gesättigte Fettsäuren, die für eine gesundheitsförderliche Ernährung nur in Maßen gegessen werden sollten.

Die Inhaltsstoffe der offenen Backwaren sind nicht sichtbar ausgezeichnet. Man muss gezielt danach fragen oder um einen Ausdruck auf dem Kassenzettel bitten.

Bäckereien entwickeln sich mehr und mehr zu gastronomischen Einrichtungen, d. h. sie bieten Lounges, Tische und Stühle zum direkten Verbleib und Verzehr an und sie bieten immer mehr erfolgreich Produkte im Gastronomie- und Snackmarkt an.

Aufgaben

1. Erkundet vor Ort Fast-Food-Konzepte von Bäckereien.
2. Wie wird Fast Food beim Bäcker angeboten?

Ernährung und Bewegung

Methode: Erkundung

Bei einer Erkundung geht es darum, Informationen zu beschaffen, zu bestätigen oder zu klären. Hierfür wird das Schulgebäude verlassen und die entsprechenden Betriebe, Institutionen, Geschäfte und Personen vor Ort besucht.

Eine Erkundung erfolgt in drei Abschnitten:

Erkundung
Ort:
Ansprechpartner:
Termin:
Fragen:

1. Vorbereitung
- Erkundungsvorhaben klären
- Erkundungsort festlegen
- Erkundungsteams bilden
- Erkundungsauftrag formulieren
- Erkundungsbogen entwickeln
- Aufgabenplan erstellen

65.1 Ein Erkundungsbogen wird entwickelt.

2. Durchführung
- Mithilfe des erstellten Erkundungsbogens die Erkundung durchführen
- Ergebnisse festhalten:
  - Notizen anfertigen
  - Tonbandaufnahmen
  - visuell: Fotos
  - Film

65.2 Schüler führen ein Interview.

3. Nachbereitung
- Erkundungsergebnisse in der Gruppe zusammenfassen, strukturieren, analysieren und bewerten
- Erkundungsergebnisse dokumentieren und präsentieren
- Eventuell Erkundungsergebnisse vertiefen, Zusatzinformationen einholen, neu gewonnene Erkenntnisse klären und vertiefen

65.3 Erkundungsergebnisse werden präsentiert.

Schulverpflegung – das i-Tüpfelchen einer guten Schule

Einen Großteil des Tages verbringen Schülerinnen und Schüler in der Schule. Um sich wohl und fit zu fühlen und gesund zu bleiben ist es wichtig, dass es ein ausgewogenes Angebot an Essen und Trinken gibt.

Allein das Angebot macht es aber nicht aus, dass die Schulverpflegung bei den Jugendlichen gut ankommt. Genügend Zeit, ein Raum, in dem man sich wohlfühlt und eine angenehme Atmosphäre gehören ebenso dazu.

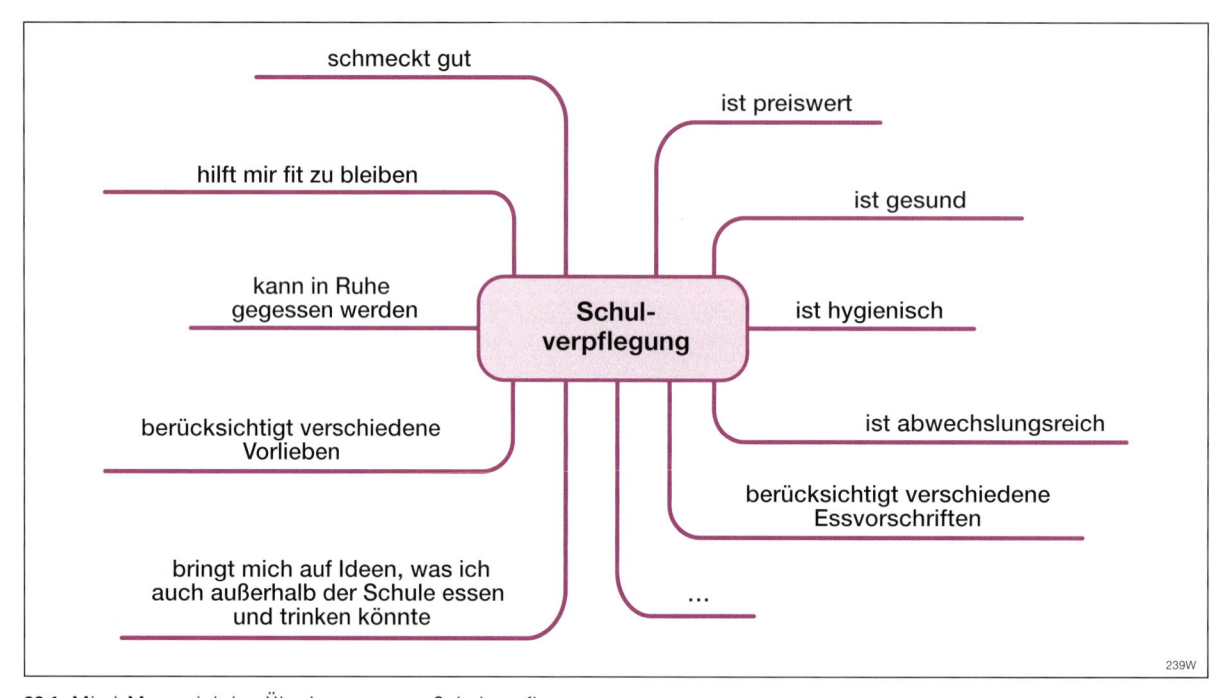

Schulverpflegung
- schmeckt gut
- ist preiswert
- hilft mir fit zu bleiben
- ist gesund
- kann in Ruhe gegessen werden
- ist hygienisch
- berücksichtigt verschiedene Vorlieben
- ist abwechslungsreich
- berücksichtigt verschiedene Essvorschriften
- bringt mich auf Ideen, was ich auch außerhalb der Schule essen und trinken könnte
- …

66.1 Mind-Map: wichtige Überlegungen zur Schulverpflegung

Nicht alle Menschen haben die gleichen Bedürfnisse und Vorlieben. Dies gilt auch für die tägliche Verpflegung in der Schule und macht die Sache schwierig. Trotzdem sollte jede Schule ihre Schulverpflegung so anbieten, dass sie möglichst viele Kinder und Jugendliche anspricht und sie mit Spaß und Freude am Essen teilnehmen.

Aufgaben

1. Überlegt, was für jeden von euch die wichtigsten Aspekte für das Essen in der Schule sind. Erstellt Hitlisten.
2. Vergleicht eure Ergebnisse.
3. Diskutiert eure unterschiedlichen Bedürfnisse.

66.2 Schüler bei der Essensausgabe in der Schulmensa

Ernährung und Bewegung

Was macht eine gute Schulverpflegung aus?

Damit die Verpflegung in der Schule sinnvoll gestaltet werden kann, haben sich Experten viele Gedanken gemacht und Hinweise dazu entwickelt. Diese werden nicht immer umgesetzt. Wie das an der eigenen Schule aussieht, kann überprüft werden.

Folgende Bereiche und Fragen können für die Bewertung des Verpflegungsangebotes an Schulen hilfreich sein:

Produkte/Angebot
- Welche Produkte werden angeboten?
- Entspricht das Angebot einer gesundheitsförderlichen Ernährung?
- Sind die Portionen angemessen?
- Werden Produkte aus der Region angeboten?
- Gibt es Bio-Produkte?
- Ist das Angebot abwechslungsreich?
- …

Qualität
- Werden frische Produkte verwendet?
- Wird auf ein saisongerechtes Angebot geachtet?
- Werden Fertiggerichte angeboten?
- Gibt es frisches Obst und Gemüse?
- Riecht und schmeckt das Angebot gut?
- …

Organisation
- Ermöglichen die Öffnungszeiten ein ruhiges und ungestörtes Essen?
- Erfolgt die Ausgabe der Lebensmittel unter hygienischen Bedingungen?
- Ist das Personal freundlich und qualifiziert?
- Gibt es lange Wartezeiten?
- Wie werde ich über das (Tages-)Angebot informiert?
- …

Info
Im Internet könnt ihr unter dem Stichwort „Qualitätsstandards für die Schulverpflegung" genauere Informationen nachlesen.

Besondere Anforderungen
- Werden Vegetarier berücksichtigt?
- Werden religiöse Vorschriften beachtet?
- Werden allergieauslösende Inhalts- und Zusatzstoffe angegeben?
- …

Atmosphäre
- Wird die Verpflegung ansprechend präsentiert?
- Wie werden die Speisen und Getränke serviert?
- Lädt der Raum und seine Einrichtung zum entspannten Essen ein?
- Gibt es genügend Sitzplätze?
- Ist es sauber?
- …

Preis
- Ist der Preis für die Verpflegung angemessen?
- Welches Bezahlsystem gibt es?
- Unterstützen Sponsoren unsere Schulverpflegung?
- …

Aufgaben
1. Führt eine Recherche (Fotos, Befragung, …) zur Situation der Schulverpflegung an eurer Schule durch.
2. Präsentiert eure Ergebnisse und überlegt euch Konsequenzen.

Light-Produkte: genau hingeschaut!

„light" – was ist das?

Light-Produkte werden als Variante von Lebensmitteln angeboten. In den Produkten werden Lebensmittelbestandteile ausgetauscht oder reduziert, die als ungesund gelten, wie z. B. Fett, Zucker, Alkohol, Koffein oder Kohlensäure.

Der Begriff „light" ist lebensmittelrechtlich nicht geschützt und definiert. Die Kennzeichnung „light" wird meist für kalorienarme, fettreduzierte, leicht bekömmliche, Zucker- oder alkoholfreie Lebensmittel verwendet.

Angebotsvielfalt an Light-Produkten

68.1 Auswahl an Light-Produkten

Light-Produkte unter der Lupe

Einkauf: Häufig sind Light-Produkte im Vergleich zu den Originalprodukten deutlich teurer. Auch wird bei gleichem Preis oftmals eine geringere Menge angeboten.

Inhaltsstoffe: Bei Light-Produkten ist meist nur ein Inhaltsstoff „light". Es lohnt sich immer, das Light-Produkt mit dem Original zu vergleichen, denn manchmal unterscheidet sich die Kalorienmenge nur unwesentlich. Die meisten Light-Produkte sind fett- oder kalorienreduziert und können zur Reduktionskost eingesetzt werden. Light-Produkte eignen sich jedoch nur bedingt zur Gewichtsreduktion. Aufgrund des niedrigen Energiegehalts verführen sie oft zum „du-darfst"-Verhalten und es werden größere Mengen verzehrt, da zum Teil eine geringere Sättigung erzielt wird. Auch süßstoffhaltige Getränke bringen den Abnehmwilligen nicht weg vom süßen Geschmacksempfinden, sodass nach der Reduktionskost die Lust auf Süßes weiterhin besteht.

Vorteile von Light-Produkten:
- Reduktion des Energiegehalts der Lebensmittel
- ...

Nachteile von Light-Produkten:
- Oftmals geringeres Aroma der Light-Produkte bzw. Geschmackveränderung durch Ersatzstoffe (z. B. Süßstoffe)
- Erhöhter Einsatz von Zusatzstoffen, um den Geschmack des ursprünglichen Lebensmittels zu imitieren
- Keine Veränderung des Ernährungsverhaltens
- ...

Aufgaben

1. Welche Light-Produkte kennt ihr und habt ihr schon einmal probiert?
2. Tauscht euch in der Gruppe darüber aus, warum euch Light-Produkte wichtig/unwichtig sind.
3. Wie werden Light-Produkte beworben?

Das kannst du tun: Analyse von Angeboten

1. Wahrnehmen
Haltet die Augen offen: Wo findet ihr überall Light-Produkte? Achtet auf Werbung. Erkundet eure Umgebung und macht Notizen.

2. Analysieren
Besorgt euch in Gruppen jeweils ein Lebensmittel und das dazu gehörige Light-Produkt. Vergleicht die Light-Produkte mit dem Originallebensmittel und notiert eure Ergebnisse. Achtet beim Vergleichen auf folgende Kriterien:

		Orginal-produkt	Light-produkt
Nähr-wert-infor-mation	Kalorien/ Energiewert (kcal)		
	Zuckerwert		
	Fettwert: Fette und gesättigte Fettsäuren		
Preis-Leistung	Preis		
	Menge (in Gramm)		
Verpa-ckung	Gestaltung		
	Informationen ansprechend?		
Ausseh-en	ansprechend?		
	nicht ansprechend?		
Ge-schmack	schmeckt klasse		
	schmeckt		
	schmeckt nicht		
Wer-bung	Zielgruppe?		
	Was verspricht das Produkt?		
	Wie wird das Produkt bewor-ben?		

> **Tipp**
>
> **Nährwertinformationen finden und lesen**
> Die Nährwertangaben findest du auf den Verpackungen. Achte auf die angegebenen Bezugsgrößen und -einheiten. Um Produkte miteinander vergleichen zu können, müssen diese identisch sein.

3. Bewerten
Bewertet die ausgewählten und verglichenen Produkte. Stellt eure Ergebnisse dar und erläutert sie.

> **Tipp**
>
> **Bewertungsurteil darstellen und erläutern**
> - **Zielscheibe**: Die Teilstücke der Zielscheibe werden mit den bewerteten Kriterien beschriftet. Anschließend werden die Bewertungsergebnisse mit einem Klebepunkt verdeutlicht. Je näher in der Mitte bepunktet wird, desto höher der Wert. 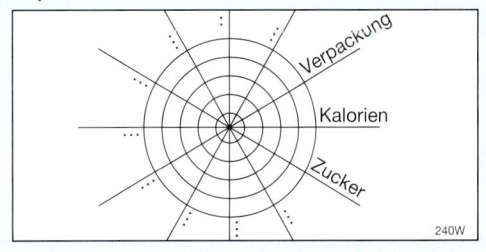
>
> - **Schulnoten**: Die Bewertungsergebnisse werden in Schulnoten gefasst (sehr gut – ungenügend).
> - **Diagramme**: In Balken-, Kreis- oder Liniendiagrammen wird das Bewertungsergebnis grafisch dargestellt.

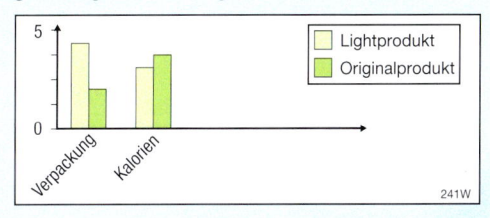

Lebensmitteltrends

Werbung, Lifestyle und Trends spiegeln sich auch auf dem Lebensmittel-Markt wider. Moderne Technologien werden eingesetzt, um neue Produkte zu entwickeln, die dann aufwendig beworben und am Markt angeboten werden.

Die Verbraucher haben vielfältige Ansprüche, Interessen und Wünsche. Auf diese gehen Produzenten und Handel ein. Damit bestimmt jeder Verbraucher und auch DU mit, welche Produkte hergestellt und erfolgreich auf dem Markt angeboten werden.

„Trendy" Lebensmittel

Functional Food (funktionelle Lebensmittel)	Hierbei handelt es sich um Produkte, denen (durch die Zugabe bestimmter Inhaltsstoffe) als Zusatznutzen ein gesundheitsfördernder Effekt zugeschrieben wird. Zugesetzt werden vor allem Vitamine, Mineralstoffe, Bakterienkulturen und ungesättigte Fettsäuren. Durch den Genuss dieser Lebensmittel sollen bestimmte Krankheitsrisiken gesenkt und das allgemeine Wohlbefinden gefördert werden. Das Angebot der funktionellen Lebensmittel reicht vom probiotischen Joghurt über die probiotische Margarine, den Eiern, denen Omega-3-Fettsäuren zugesetzt wurden bis hin zu ACE-Getränken und Tiefkühlgemüsemischungen, die mit Vitaminen angereichert wurden.	**Vorteile von Functional Food:** • Nährstoffarme Lebensmittel können um wichtige Inhaltsstoffe ergänzt werden. • Die Zufuhr lebenswichtiger Vitamine und Mineralstoffe wird gesichert. • … **Nachteile von Light-Produkten:** • Der gesundheitliche Nutzen vieler Zusätze ist bisher nicht nachgewiesen. • Die Dosierung der zugesetzten Stoffe lässt sich vom Verbraucher nicht kontrollieren. • Gesundheitsbedenkliche Genussmittel (z. B. Bonbons) erhalten einen „gesundheitsförderlichen Deckmantel". • …
Nahrungsergänzungsmittel	Nahrungsergänzungsmittel ähneln in ihrer Form Arzneimitteln, da sie als Tabletten, Tropfen, Pülverchen … auf dem Markt erhältlich sind. Es handelt sich jedoch um Lebensmittel bzw. um Lebensmittelbestandteile in konzentrierter Form. Mit dem Verzehr soll die allgemeine Ernährung durch spezielle Inhaltsstoffe (Mineralstoffe, Vitamine etc.) ergänzt werden. Die Nahrungsergänzungsmittel unterliegen der Nahrungsergänzungsmittelverordnung.	**Vorteile von Nahrungsergänzungsmitteln:** • Einseitige Speisepläne können gezielt ergänzt werden. • Sicherstellung der Vitamin- und Mineralstoffzufuhr. • … **Nachteile von Nahrungsergänzungsmitteln:** • Die Ausgewogenheit der Ernährung kann aus dem Blick geraten. • Gefahr, dass Inhaltsstoffe willkürlich eingenommen werden. • …

Ernährung und Bewegung

Novel Food (neuartige Lebensmittel) *Cherimoya*	Hierbei handelt es sich um Produkte, die es bisher in der EU noch nicht in nennenswertem Umfang gab. Neben am regionalen Markt unbekannten exotischen Früchten zählen Erzeugnisse dazu, deren Struktur oder Zusammensetzung durch verschiedene Verfahren (z. B. gentechnisch veränderte Organismen) verändert wurde, was sich auf Nährwert, Stoffwechseleigenschaften und Ähnliches auswirkt. Die neuen/neu geschaffenen Lebensmittel müssen ein Genehmigungsverfahren durchlaufen und unterliegen der Novel-Food-Verordnung.	**Vorteile von Novel Food** **Nachteile von Novel Food** Aufgrund der Bandbreite der Produkte müssen die Vor- und Nachteile jeweils für jedes Produkt abgewogen werden. Allgemeine Aussagen können kaum getroffen werden.
Grüne Gentechnik	Gentechnik wird in der Landwirtschaft bei der Tier- und vor allem bei der Pflanzenzucht eingesetzt. Mit in der Biotechnik entwickelten Verfahren werden die Erbinformationen verändert, sodass Pflanzen und Tiere z. T. andere Eigenschaften haben (längere Haltbarkeit von Tomaten, mehr Milchleistung). Das Saatgut muss vom Landwirt jedes Jahr neu zugekauft werden, da aufgrund der gentechnischen Veränderungen oft keine eigene Saatgewinnung möglich ist. Zu den wichtigsten transgenen Pflanzen zählen: Mais, Raps, Soja, Reis und Baumwolle.	**Vorteile der Gentechnik:** • Qualität und Eigenschaften pflanzlicher Lebensmittel können verändert werden (z. B. erhöhter Vitamingehalt, längere Haltbarkeit). • Anbautechnische Vorteile: widerstandsfähiger gegen Schädlinge und Krankheiten; dadurch geringerer Pestizideinsatz. • … **Nachteile der Gentechnik:** • Langfristige Auswirkungen auf das Umwelt- und Ökosystem sind nicht geklärt. • Eventuell erhöhtes Allergierisiko. • Gesundheitlicher Nutzen und Auswirkungen auf den Körper sind nicht geklärt. • …

Aufgaben

1 Erkundigt euch nach aktuellen Lebensmitteltrends. Ihr könnt hierfür Ernährungsberatungsstellen einbeziehen und Experten befragen.

2 Entwickelt Ideen, wie ein Zukunfts-Trend-Lebensmittel sein müsste. Begründet.

Werbung zeigt Wirkung

Werbung zeigt Wirkung, da gezielt erfolgreiche Strategien angewendet werden. Saftig, knackig, knusprig, duftend, erfrischend, durstlöschend, lecker – so müssen Lebensmittel in der Werbung dargestellt werden. Schließlich sollen die Kunden Lust auf das beworbene Essen oder Getränk bekommen. Auch bei der Lebensmittelwerbung wird daher häufig die „4-P-Strategie" angewendet:

P picture	 72.1 Werbebilder	In der Werbung wird hauptsächlich mit wirksamen **Bildern** gearbeitet. Bilder können sowohl grafisch als auch klanglich erzeugt werden. Sie machen gute Laune, erzeugen positive Stimmung und sind manchmal recht überraschend. Wichtig ist, dass die Kunden sich mit diesen Bildern identifizieren können. Bei Lebensmittelwerbung sind die Speisen und Getränke meist üppig, appetitlich und frisch in Szene gesetzt. Dies zeigt sich auch in der Gestaltung von Verpackungen, Verkaufsständen und Print- oder Film-Werbung.
P promise	 72.2 Werbeslogans	Die Werbung macht **Versprechen**. Gerade Lebensmittelwerbung spricht besonders Bedürfnisse und Gefühle von Menschen an. So werden Lebensmittel als „gesund", „erfrischend", „fettarm", „vitaminreich", „natürlich" oder „Freunden gibt man mal ...", „zarteste Versuchung ...", „merci, dass es dich gibt" etc. vermarktet.
P prove	 72.3 Das Produkt macht glücklich.	Die Zufriedenheit mit dem Produkt wird in der Werbung besonders herausgearbeitet. Das Werbeversprechen wird anscheinend **überprüft**, bestätigt und bewiesen (z. B. Jugendlicher ist wieder voller Energie, nachdem er das Werbegetränk zu sich genommen hat).
P push	 72.4 Produkttest	Den Kunden wird Lust gemacht, das Produkt **auszuprobieren**.

Aufgaben

1. Tauscht euch in der Gruppe über euch bekannte Lebensmittelwerbung aus.
2. Analysiert, welche Werbestrategien bei euch erfolgreich wirken.
3. Welchen Einfluss hat Werbung auf euer Ernährungsverhalten? Beschreibt.

Ernährung und Bewegung

„Der goldene Windbeutel" ...

73.1 Der goldene Windbeutel von foodwatch

... ist ein Preis, welcher von der Verbraucherorganisation foodwatch für die dreisteste Werbelüge eines Jahres vergeben wird. Hierfür werden von den Verbrauchern picture, promise und prove kritisch überprüft und getestet. Im Jahr 2010 nahmen mehr als 80 000 Verbraucher an der Online-Abstimmung teil und wählten die Werbung für das Produkt „Zott Monte Drink" zur dreistesten Werbelüge des Jahres.

73.2 „Gewinner" des Jahres 2010

Werbetypen

Die Werbeindustrie nutzt Verbraucherumfragen, um herauszufinden, welche Werbung für ein Produkt erfolgreich sein könnte. Die Marketingspezialisten unterscheiden dabei drei verschiedene Werbe-Typen:

Typ 1: Durch das beworbene Produkt fühlt sich dieser Werbe-Typ selbstbewusst und cool. Das Produkt hilft dabei, die eigene Persönlichkeit zu unterstreichen.

Typ 2: Dieser Werbe-Typ will „dazugehören", seinen Idolen und Stars nacheifern und kauft darum die beworbenen Produkte.

Typ 3: Dieser Werbe-Typ lässt sich nur durch Qualität und Nutzen eines Produktes überzeugen. Er informiert sich über das Produkt und überprüft die Werbeaussagen.

Das kannst du tun

Die Werbung arbeitet mit vielen Kniffen und Tricks, um Käufer zu gewinnen. Wichtig ist, dass du weißt, auf welche Werbestrategien du ansprichst und dass du dir selbst eine Meinung über das beworbene Produkt machst. Um überlegt und selbstständig handeln zu können, sind mindestens vier Schritte nötig:

1. Überprüfe, ob du das beworbene Produkt tatsächlich brauchst.
2. Überlege dir, welche Qualitätsansprüche du von dem Produkt erwartest. Schreibe diese auf.
3. Teste das Produkt entsprechend deiner Erwartungen.
4. Vergleiche die Preise. Oftmals gibt es Produkte alternativer Anbieter, welche dieselbe Leistung zu geringerem Preis anbieten.
5. Wenn du dir sicher bist: Kaufe das Produkt.

Aufgaben

1 Nehmt gemeinsam die Werbung für ein Lebensmittelprodukt kritisch unter die Lupe:
Picture: Sind die Bilder und Farben stimmig zum Produkt gewählt? Warum? Welche Assoziationen werden geweckt?
Promise: Welche Versprechen werden auf der Verpackung gemacht? Werden diese eingehalten?

2 Welcher Werbetyp bist du?

3 Tauscht euch darüber aus, welche Werbung bei euch gewirkt hat.

Berufssteckbrief: Koch/Köchin

Tätigkeiten in diesem Beruf

- herstellen, zubereiten (z. B. kochen, braten, backen, ...) und anrichten von Speisen (pünktlich und in der bestellten Reihenfolge der Gänge)
- Kosten und Preise für Lebensmittel und Gerichte ermitteln
- Einkauf von Lebensmitteln und Zutaten
- Vorbereitung der Lebensmittel und Zutaten (z. B. waschen, säubern, putzen, schälen, schneiden, ...)
- Einlagerung von Lebensmittelvorräten
- Organisation der Arbeitsabläufe in der Küche und Absprachen treffen im Küchenteam
- in Großküchen: Spezialisierung auf die Zubereitung bestimmter Speisen (z. B. Salate, Suppen, Beilagen, Fischgerichte, Fleischgerichte, ...)
- Beratung der Gäste
- Aufstellen von Speiseplänen

Wo wird dieser Beruf ausgeübt?

Köche/Köchinnen arbeiten hauptsächlich
- in den Küchen von Hotels, Restaurants, Kantinen, Krankenhäusern und Pflegeheimen.

Darüber hinaus sind Köche/Köchinnen auch gefragt
- in der Nahrungsmittelindustrie (z. B. bei der Herstellung von Tiefkühlprodukten oder Fertigkost),
- bei der Schifffahrtsindustrie (z. B. auf Kreuzfahrtschiffen).

74.1 Ein Koch bei der Arbeit

Welche Kompetenzen braucht man?

	vorteilhaft	wichtig	sehr wichtig
Praktische Veranlagung	●		
Bereitschaft zu unregelmäßiger Arbeit			●
Kräftige Konstitution		●	
Hygienebewusstsein			●
Zuverlässigkeit			●
Kreativität		●	
Rasche Auffassungsgabe		●	
Organisationstalent			●
Belastbarkeit			●
Teamfähigkeit		●	
Pünktlichkeit		●	

Wie ist die Ausbildung organisiert?

Berufstyp	anerkannter Ausbildungsberuf
Ausbildungsvoraussetzungen	eine bestimmte Schulbildung ist gesetzlich nicht vorgeschrieben (Erkundigungen beim Berufsberater oder im Betrieb einholen)
Ausbildungsart und Lernorte	duale Ausbildung Betrieb/Berufsschule
Ausbildungsdauer	3 Jahre

Ernährung und Bewegung

Ausbildungsberufe im Bereich Hauswirtschaft, Ernährung, Sport und Bewegung

Bewegung
- Fachangestellte/-r für Bäderbetriebe
- Gymnastiklehrer/-in
- ...

Hauswirtschaft
- Hauswirtschafter/in
- Hauswirtschaftshelfer/-in/-assistent/-in
- Servicekraft
- Fachmann/-frau für Systemgastronomie
- Restaurantfachmann/-frau
- ...

Sport
- Sportfachmann/-frau
- Sport- und Fitnesskaufmann/frau
- Sportassistent/in
- ...

Ernährung
- Koch/Köchin
- Diätassistent/-in
- ...

Ausbildungsberufe im Hauswirtschaft, Ernährung, Sport und Bewegung

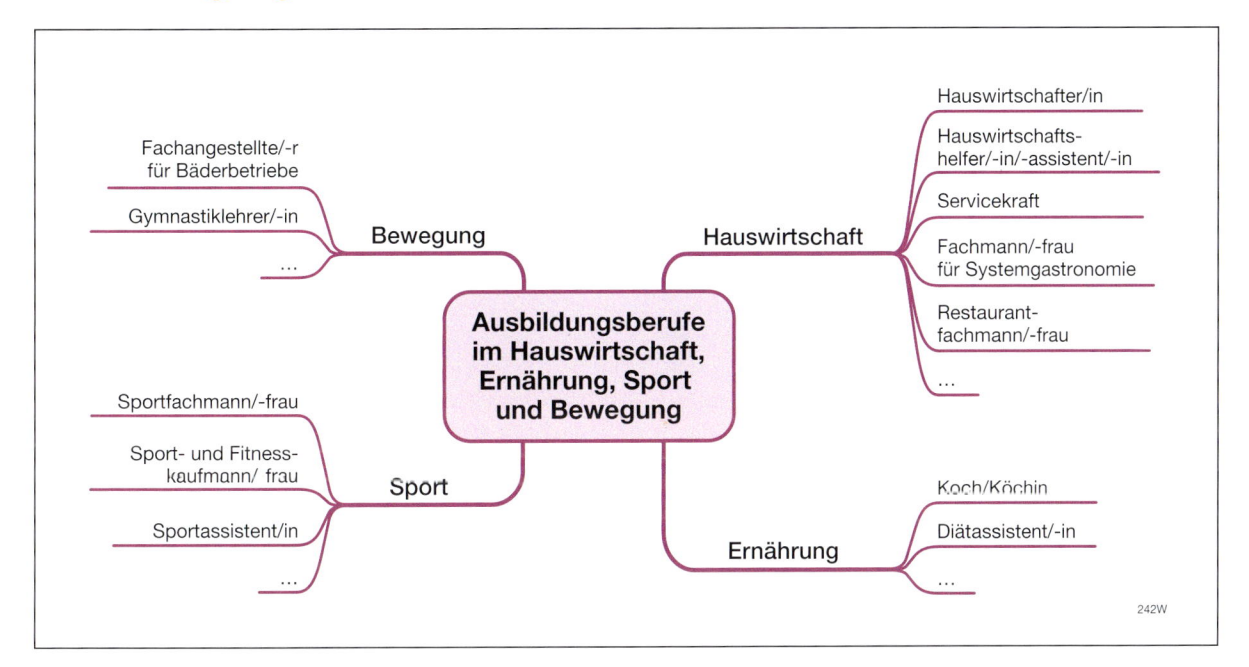

75.1 Ausbildung von Restaurantfachleuten

75.2 Systemgastronomie

75.3 Sport- und Fitnesskaufmann

Aufgaben

1. Welche Berufe interessieren dich? Entscheide dich für zwei Berufe und begründe deine Entscheidung.
2. Hole Informationen zu diesen Berufen ein und erstelle einen Steckbrief. Das kann hilfreich sein: Internet, Informationsbroschüren der Agentur für Arbeit, Interview mit Berufstätigen.
3. Mache ein Praktikum, so erhältst du am besten Einblick in den Beruf.

Vorsorge und
Pflege

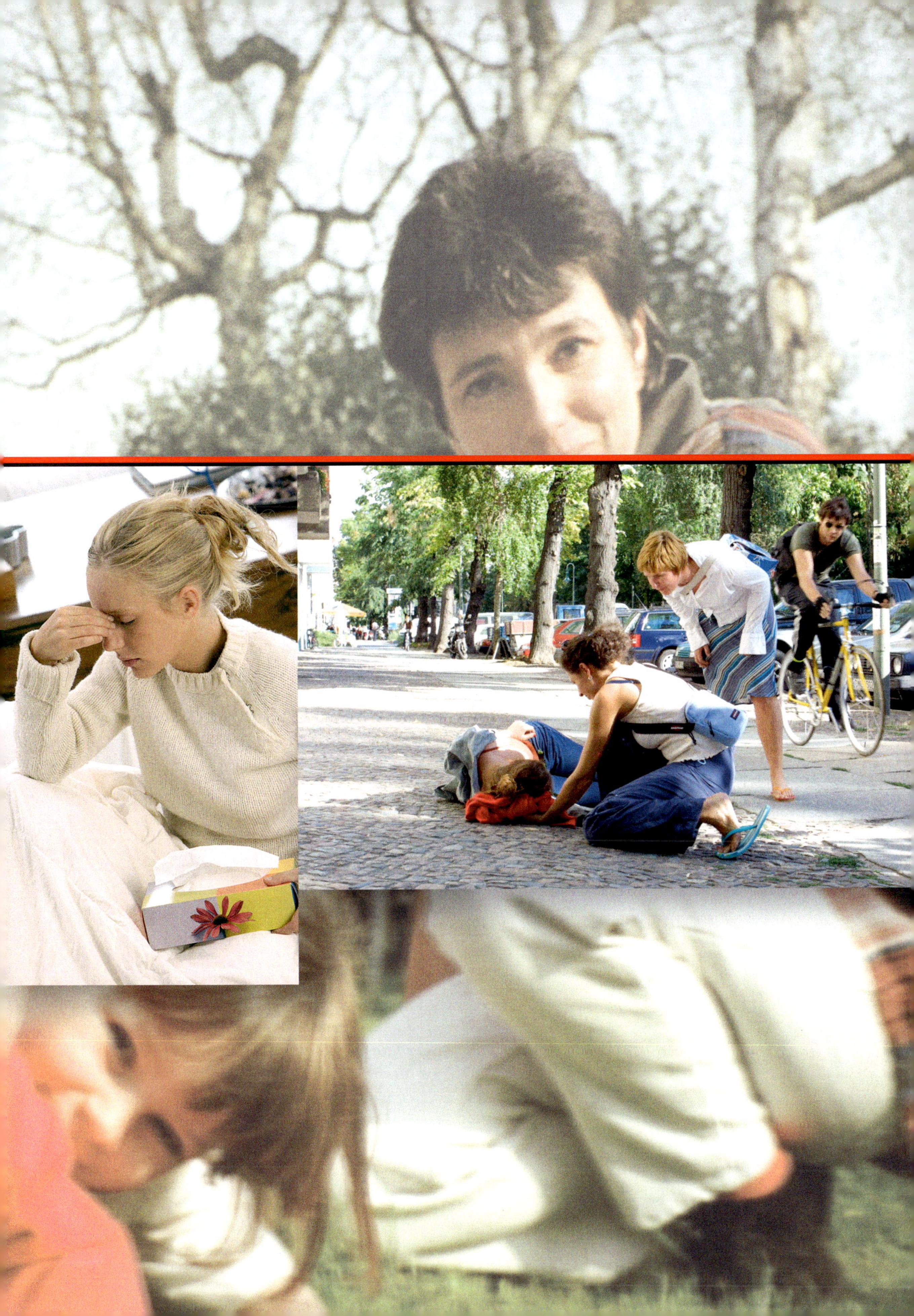

E Einstieg: Für mich und andere sorgen

Sich wohl fühlen und gesund bleiben wollen alle. Doch wer ist gesund? Wer keine Schmerzen hat? Eine spannende Frage! Sicher ist, dass bereits Jugendliche selbstständig etwas für ihre Gesundheit tun können.

Es gibt jedoch Situationen, da brauchen andere Menschen Hilfe oder wir die Hilfe von anderen. Diese Hilfe anzunehmen oder anderen zu helfen sind Fähigkeiten, die gelernt werden können. Sie stellen eine wichtige Grundlage für helfende und pflegende Berufe dar. Helfen in Notlagen kostet oftmals Geld. Gut, dass es Versicherungen gibt. Auf welche Leistungen habe ich Anspruch? Welche zusätzlichen Leistungen sind mir wichtig?

In diesem Kapitel stehen Situationen im Mittelpunkt, in denen du lernst für dich und andere zu sorgen. Du kannst entdecken, ob in diesem Bereich deine Stärken und Interessen liegen.

78.1 Jugendliche, die sich krank fühlt

„Seit zwei Wochen fühle ich mich ziemlich mies. Bereits morgens wache ich mit Kopfschmerzen auf, bin müde und habe zu nichts richtig Lust. Mein Rücken plagt mich, egal ob ich sitze oder stehe. Und wenn ich in den Spiegel schaue, bin ich entsetzt: die Pickel sprießen! So kann es doch nicht weitergehen. Mir geht vieles durch den Kopf. Was habe ich falsch gemacht? Kann ich etwas machen? Bin ich schwerkrank oder nur gestresst? Soll ich zum Arzt gehen? Manche sagen, die Zähne zusammenbeißen und durch, das geht schon vorbei ..."

78.2 Familie im Gespräch

„Berichte über die Gesundheitsreform im Fernsehen und in den Zeitschriften haben auch in unserer Familie zu Diskussionen geführt. Bietet vielleicht eine andere Krankenversicherung gleiche oder bessere Leistungen bei geringerem Versicherungsbeitrag? Außerdem sind uns Notsituationen aus dem Bekanntenkreis eingefallen, die uns zu der Überlegung gebracht haben, ob es sinnvoll ist, sich noch zusätzlich abzusichern. Wir haben bemerkt, dass sich diese Fragen nur beantworten lassen, wenn wir uns Informationen einholen und eventuell Experten zu Rate ziehen."

Vorsorge und Pflege

79.1 Unfallstelle

„In letzter Zeit habe ich öfter Situationen erlebt, in denen ich gerne geholfen hätte. Ich war mir aber nicht sicher, was das Richtige ist. Deshalb habe ich erstmal abgewartet. Ich hatte immer Glück, da Leute dazu kamen, die wussten, was zu tun ist.
Das hat mich total verunsichert. Ich möchte gerne selbst helfen. Vor allem möchte ich lernen, wie ich Menschen in Notsituationen beistehen und Erste Hilfe leisten kann."

79.2 Frau Böpple beim Spaziergang

„Seit meinem 7. Lebensjahr bin ich Pfadfinderin. Ein wichtiger Grundsatz der Pfadfinder ist, anderen zu helfen. Alle zehn unserer Gruppe haben ihre Aufgabe gefunden. Ich gehe einmal in der Woche mit Frau Böpple spazieren. Frau Böpple ist gehbehindert. Wir laufen langsam, unterhalten uns und kaufen ein. Das gefällt mir! Gut ist auch, dass wir in der Pfadfindergruppe über unsere Erlebnisse reden können. So lernen wir viel voneinander."

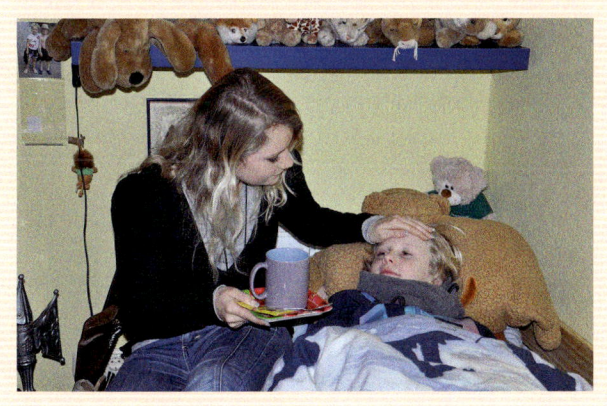

79.3 Paul ist krank

„Seit drei Tagen liegt mein kleiner Bruder mit einer schweren Erkältung und Fieber im Bett. Nach der Schule kümmere ich mich um ihn. Das ist nicht immer einfach! Ihm wird es schnell langweilig und er fängt an zu nörgeln. Zum Essen und Trinken muss ich ihn überreden. Nichts schmeckt ihm. Selbst seine geliebte Cola lehnt er ab. Trotzdem merke ich, dass es ihm gut tut, wenn ich ihn pflege und umsorge. Gut, dass ich das in GuS gelernt habe."

Aufgaben

1 Tauscht euch darüber aus, welche Erfahrungen ihr in den dargestellten Situationen mitbringt.

2 Welche Kenntnisse und Fertigkeiten wären hilfreich, um in den angesprochenen Situationen kompetent handeln zu können? Wie können sie erworben werden? Erstellt gemeinsam einen Plan.

Wer ist gesund?

Ich spiele viel Fußball, da bleibe ich gesund!

Mir geht es gut, mir tut nichts weh.

Ich bin gesund, mir tut nichts weh – aber manchmal bin ich einfach traurig.

Ich nehme keine Tabletten und zum Arzt gehe ich auch nie – ich bin gesund!

Info

„Gesundheit ist ein Zustand vollkommenen körperlichen, seelischen und sozialen Wohlbefindens."
(Weltgesundheitsorganisation [WHO] 1948)

Dieser Zustand des vollkommenen Wohlbefindens wird nur selten erreicht und es ist sehr schwer, ihn langfristig aufrecht zu erhalten.

Der Medizinsoziologe Aaron Antonowsky erweiterte die Definition der WHO. Er war der Meinung, dass Gesundheit kein vollkommener Zustand sein kann, sondern ein Balanceakt ist, bei dem das körperliche, soziale und seelische Wohlbefinden stetig ausbalanciert werden muss. So kann sich zum Beispiel ein Mensch mit Allergien trotzdem gesund und wohl fühlen, weil er Freunde hat und sein Beruf ihm Spaß macht.

Dies bedeutet, dass jeder Mensch lernen muss, bei sich wahrzunehmen, ob einer der Bereiche geschwächt ist und was gemacht werden kann, um die Balance herzustellen. Antonowsky hat außerdem darauf hingewiesen, dass die Balance dann besser gelingt, wenn Menschen Zuversicht und eine optimistische Grundeinstellung (Kohärenzgefühl) haben, dass sie unvorhergesehene und belastende Herausforderungen des Lebens eigenständig oder mit fremder Hilfe bewältigen und meistern können.

Das sind wichtige Merkmale:

Körperliches Wohlbefinden
- Mit dem eigenen Körper zufrieden sein.
- Keine Schmerzen haben.
- Sich leistungsfähig fühlen.
- Ausgeschlafen und fit sein.
- ...

Seelisches Wohlbefinden
- Keinen Kummer haben.
- Gefühle äußern können, z. B. durch Lachen und Weinen.
- Stärken und Schwächen kennen.
- Interessen haben und Möglichkeiten kennen, diese zu verfolgen.
- Sich selbst beschäftigen können.
- ...

Soziales Wohlbefinden
- Freunde haben.
- Gerne etwas mit anderen unternehmen.
- Sich von Freunden verstanden fühlen und andere verstehen können.
- Anderen helfen und selbst Hilfe annehmen können.
- Aktivitäten mit anderen planen und durchführen.
- Sich gerne mit anderen unterhalten.
- Interesse am Leben anderer zeigen.
- Zuhören können.
- ...

Was hält Menschen gesund? – Spurensuche

Tagtäglich treffen wir auf Menschen oder hören von Personen, die in ganz unterschiedlichen Situationen leben: Alte und Junge, Kranke und Behinderte, Arme und Reiche. Sie alle möchten sich wohl und gesund fühlen und haben dabei verschiedene Herausforderungen des Alltags zu bewältigen.

Den einen gelingt es aus eigener Kraft die gesundheitliche Balance zu halten, andere benötigen dazu Hilfe. Hilfe zu geben, setzt voraus, sich mit unterschiedlichen Situationen auseinanderzusetzen. Denn jede Situation ist anders. Hilfe muss zu den Menschen und ihren Bedürfnissen passen.

Selmas Vater: „Täglich gehe ich mit Selma auf den Spielplatz. Vom Rutschen kann sie nicht genug bekommen. Wenn sie beim Rutschen vor Freude jauchzt und lacht, weiß ich, dass es ihr gut geht. Ich helfe ihr beim Hochklettern und ermutige sie Neues auszuprobieren. Durch unser regelmäßiges Kommen hat Selma bereits einige Freunde gefunden."

Kai (14 Jahre): „Zweimal in der Woche gehe ich zum Laufen. Das gibt mir ein tolles Gefühl, es ist cool nach dem Joggen völlig ausgepowert zu sein. Meine Freunde bewundern mich, dass ich das durchhalte. Die ahnen ja nicht, wie oft ich mich überwinden muss. Ohne Sport bin ich schnell genervt."

Markus (28 Jahre). „Durch einen Unfall bin ich seit 10 Jahren querschnittsgelähmt. Aufgrund meines Autos und meiner behindertengerechten Wohnung kann ich ganz gut alleine leben. Trotzdem komme ich ohne Hilfe nicht aus. Ich habe Freunde und bin zuversichtlich, dass ich auch künftige Situationen bewältigen werde."

Frau Hiller (86 Jahre): „Täglich lese ich Zeitung und mache Kreuzworträtsel. Sooft ich kann, nehme ich die Angebote hier im Heim wahr. Leider kann ich nicht alles mitmachen, da ich meine Beine und Finger nicht mehr richtig bewegen kann und Schmerzen habe. Früher war ich der Mittelpunkt der Familie, aber heute sind alle beschäftigt und haben kaum Zeit, sich um mich zu kümmern."

Aufgaben

1. Was verstehen Menschen aus deinem Umfeld unter Gesundheit? Führe eine Befragung durch.
2. Überlegt, ob sich die beschriebenen Menschen gesund fühlen. Schreibt eure Begründungen auf und ordnet diese den drei Aspekten der Gesundheit (körperliches, seelisches und soziales Wohlbefinden) zu.
3. Sprecht darüber, wie ihr diese Situationen erleben würdet.

Für mich selbst sorgen: Geht es mir gut?

Deine Freunde sagen, du siehst gesund aus, bist fit und gut drauf. Ist das wirklich so? Fragen können dir helfen, über dich und deine Gesundheit nachzudenken.

Wie wohl fühle ich mich?
- Leidest du häufig unter Kopfschmerzen?
- Fühlst du dich oft abgespannt und müde?
- Treibst du regelmäßig Sport?
- Fühlst du dich von der Schule gestresst?
- Hast du häufig Streit mit deinen Eltern?
- Kannst du dich gut entspannen?
- Kannst du gut schlafen?
- Fühlst du dich manchmal unwohl in deiner Haut?
- Bist du unzufrieden mit deinem Körper?
- Geht dir nach dem Hochrennen einer Treppe gleich die Luft aus?
- Wirst du schnell ungeduldig?
- Bist du oft erkältet? Wärst du gerne sportlicher, stärker und ausdauernder?
- Hast du Übergewicht?
- Hast du Menschen, mit denen du deine Probleme besprechen kannst?
- Hast du Freunde, mit denen zusammen du lachen und Spaß haben kannst?
- Pflegst du regelmäßig deinen Körper?
- Hast du Pläne für deine Zukunft?
- Bist du mit deiner Umgebung zufrieden?
- Kommst du mit anderen Menschen schnell in Kontakt?
- Verzichtest du auf Suchtmittel (Nikotin, Alkohol, Drogen)?

Info

krank ←――――――→ gesund

Gesundheit ist kein Zustand, den man auf Dauer hat und der sich automatisch erhält. Wir fühlen uns häufig unterschiedlich. Einmal mehr in Richtung krank – einmal mehr in Richtung gesund.

Dies wahrzunehmen und zu akzeptieren ist wichtig, damit wir besser für uns sorgen oder Hilfe von Außen in Anspruch nehmen können.

So können wir uns gemeinsam für die Gesunderhaltung engagieren:
- eine Party ohne Alkohol und Rauchen machen
- einen Lauftreff organisieren
- einen Wohlfühl-Zirkel in der Schule durchführen
- gemeinsam kochen und essen
- Schrott-Wichteln in der Lerngruppe durchführen
- sich gemeinsam für andere Leute einsetzen (z. B. Paten für jüngere Schülerinnen und Schüler)
- einen Spendenlauf organisieren
- in der großen Pause Geräte für Bewegungsspiele ausleihen
- den Klassenraum neu gestalten
- Pausen mit Entspannungsübungen gestalten
- einmal wöchentlich gemeinsam frühstücken
- einen Klassenrat einrichten
- …

Aufgaben

1. Gib dir selbst Antwort auf die Fragen.
2. Tausche mit einer vertrauten Person deine Gedanken und Empfindungen aus.

Vorsorge und Pflege

Für mich selbst sorgen: Körperhygiene

In einem Internetforum berichtet Dino:
„Meine Schwester ist 15. In ihrer Klasse ist ein Mädchen, ihre ehemals beste Freundin, die selten duscht. Mittlerweile bekomme ich täglich die neuesten Kosenamen für dieses Mädchen zu hören, bei denen „Stinke-..." und „Müffel-..." noch zu den harmloseren gehören. Das ist einerseits grausam, andererseits verstehe ich nicht, wie man unter solchem Ausschluss immer noch nicht den Weg in die Dusche gefunden hat."

Häufig gestellte Fragen

Wie häufig soll ich mich waschen?
- Alle ein bis zwei Tage waschen oder duschen und eine milde, pH-neutrale Seifenlotion verwenden. Häufigeres Waschen oder die Verwendung von parfümierten Seifen kann den natürlichen Säureschutzmantel der Haut zerstören. Reizungen und Infektionen können die Folge sein.
- Wasche dich vor allem unter den Achseln, zwischen den Pobacken und Mädchen auch in der Hautfalte unter den Brüsten, denn überall dort, wo Haut Haut berührt, schwitzt man am meisten.

Wie pflege ich meinen Intimbereich?
- Penis, Scheide und After sollten möglichst täglich mit lauwarmen Wasser und einer milden Seife gewaschen werden.
- Wasche dich von vorne nach hinten. So verhinderst du eine Übertragung von Krankheitserregern vom After in den Genitalbereich.
- Ziehe täglich frische Unterwäsche an.

Was kann ich gegen Schweißfüße tun?
- Fußschweiß beginnt dann zu stinken, wenn er durch den Schuh nicht entweichen kann. Deshalb auf luftdurchlässiges Schuhwerk achten und regelmäßig Schuhe und Socken wechseln.
- Stark riechende Füße täglich waschen.

Wie oft soll ich die Haare waschen?
- Dafür gibt es keine Regel. Nur bei fettigem Haar ist eine häufigere Haarwäsche wirklich erforderlich. Ansonsten ist eine tägliche Haarwäsche nicht notwendig.

Wie kann ich Mundgeruch verhindern?
- Einziges Mittel dagegen: Zähne zweimal täglich nach dem KAI-Prinzip putzen: Kauflächen – Außenflächen – Innenflächen, mindestens 3 Minuten lang, die Zahnbürste ansetzen und jeden Zahnabschnitt 10 Sekunden lang rütteln.

Info

Was sich in der Pubertät ändert ...
Die steigende Hormonproduktion verändert die körperliche Erscheinung und wirkt sich auch auf die Drüsenfunktion aus. Manche Jugendliche bekommen fettige Haare, Pickel und viele schwitzen vermehrt.
Schweiß hat viele Bestandteile und stinkt nicht. Erst seine Zersetzung durch Bakterien führt zum unangenehmen Geruch. Besonders viele Schweißdrüsen befinden sich unter den Achseln und an den Füßen. Es verändern sich auch die Ausscheidungen im Intimbereich. Im warmfeuchten Klima der Unterwäsche entsteht so ein Nährboden für Bakterien und Krankheitserreger. Unangenehme Gerüche, Juckreizungen, Rötungen usw. können die Folge sein.

Aufgaben

1. Viele Jugendliche nehmen die Körperhygiene nicht ernst. Überlegt, woran das liegen kann.
2. Sicher habt ihr noch mehr Fragen zu Körperhygiene. Holt über Medien, Experten ... weitere Informationen ein.
3. Erstellt einen Flyer mit Hinweisen und Tipps.

Für mich selbst sorgen: Vorsorgeuntersuchungen

\multicolumn{3}{c}{Vorsorgeuntersuchungen im Jugendalter}		
Name	Alter	Untersuchung
Zahnärztliche Kontrolluntersuchungen	ab 7. Lebensjahr	• Ab diesem Alter sollten die Zähne alle 6 Monate zahnärztlich kontrolliert werden. • Neben der gründlichen Untersuchung stehen auch Fragen der Mundhygiene im Mittelpunkt. Eventuell trägt der Zahnarzt zum Schutz vor Karies regelmäßig Fluoridlack auf die Zähne auf.
J 1	13.–15. Lebensjahr	• Über ein Gespräch und eine körperliche Untersuchung klärt der Arzt den Gesundheitszustand des Jugendlichen ab. • In diesem Gespräch können Fragen des Jugendlichen thematisiert werden und der Arzt berät hinsichtlich gesundheitsförderlicher Maßnahmen und Verhaltensweisen. Fragen nach dem Gesundheitsverhalten (Rauchen, Essverhalten ...) und der schulischen Leistung sind dabei ebenso wichtig wie die Einschätzung von gesundheitlichen Faktoren aufgrund familiärer gesundheitlicher Vorbelastungen (bspw. Bluthochdruck). • Bei der körperlichen Untersuchung werden zuerst **Größe** und **Gewicht** ermittelt, um evtl. **Entwicklungsstörungen** zu erkennen. Auch eine **Blutdruckmessung** wird vorgenommen und es wird überprüft, ob eine **Neigung zur Kropfbildung** vorhanden ist. Des Weiteren wird der **Pubertätsstatus** beurteilt. Wichtig ist auch die Überprüfung der **Skelettentwicklung**, um Haltungsfehler frühzeitig festzustellen. • Weiterhin wird im Rahmen der Untersuchung der **Impfstatus** überprüft. Anstehende Auffrischungen, z. B. Tetanus, Diphterie, Keuchhusten und Polio, werden ausgeführt und fehlende Impfungen nachgeholt. Auf dem Prüfstand stehen bspw. der **Immunschutz** gegen Hepatitis B, Meninokokken C, Windpocken, Masern, Mumps, Röteln und Gebärmutterhalskrebs.
J 2	17.–18. Lebensjahr	• Ob diese Untersuchung von der Krankenkasse bezahlt wird, muss vorher abgeklärt werden. • Folgendes wird untersucht: Haltung und Bewegung, Kropfbildung, Diabetes, sexuelle Entwicklung, soziale Verhaltensweisen, Fragen der Berufswahl bzw. -ausbildung

Info

Der Staat hat geregelt, welche Vorsorgeuntersuchungen Säuglinge, Kinder und Erwachsene in Anspruch nehmen können. Es ist keine Pflicht, dies zu tun. In den Vorschriften ist festgelegt, was untersucht werden soll und dass die Krankenkassen die Kosten der Untersuchungen tragen müssen.

Aufgaben

1. Bei der J 1 werden Jugendliche gründlich untersucht. Was wird gemacht? Notiere.
2. Recherchiere, welche Vorsorgeuntersuchungen bei Kindern vorgesehen sind.
3. Befrage deine Eltern, welche Vorsorgeuntersuchungen bei dir durchgeführt wurden.

Vorsorge und Pflege

Die Freiheit der Wahl

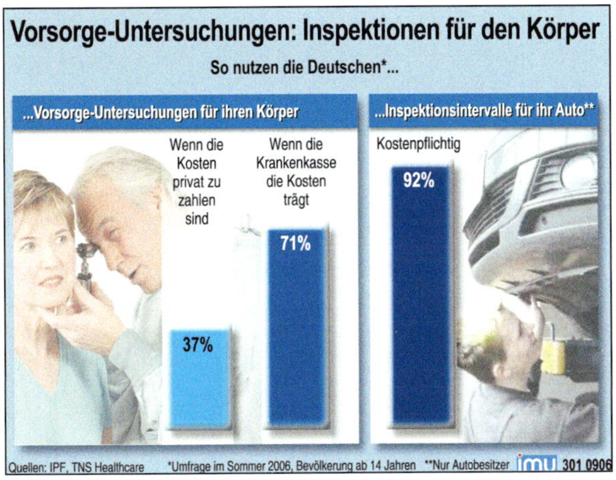

85.1 Statistik: Nutzung der Vorsorgeuntersuchungen

Meinungen zu Vorsorgeuntersuchungen

„Bei mir hat man bei der U9 festgestellt, dass ich schlecht sehe. Gut, dass meine Eltern mit mir dort waren."

„Vorsorgeuntersuchungen finde ich ätzend. Ich merke doch selbst, wenn etwas nicht stimmt."

„Wir haben alle Vorsorgeuntersuchungen wahrgenommen. Es war gut, dass ein Profi beurteilt hat, dass alles okay ist."

„Infektionskrankheiten sind hochansteckend und können bleibende Schäden verursachen. Eltern, die ihre Kinder nicht impfen lassen, sind verantwortungslos."

„Ich habe meine Kinder nicht impfen lassen. Das Risiko von Impfschäden war mir zu groß."

So bereite ich mich auf eine Vorsorgeuntersuchung vor:

- Entscheide dich, ob du allein oder in Begleitung zur Untersuchung gehst.
- Wähle einen Arzt oder eine Ärztin deines Vertrauens aus. Hast du keinen Arzt/keine Ärztin, erkundige dich bei Bekannten, im Banchenverzeichnis oder im Internet unter www.kinderaerzte-im-netz.de/aerzte.
- Ruf an und vereinbare einen Termin. Sag am Telefon, dass du zur Vorsorgeuntersuchung kommen möchtest.
- Nimm deinen Impfpass und andere wichtige Dokumente mit (Vorsorgepass der bisher durchgeführten Untersuchungen, bisherige Diagnosen ...).
- Überlege, welche Fragen du dem Arzt stellen willst. Schreibe sie eventuell auf.
- Gehe gewaschen und frisch gekleidet zur Vorsorgeuntersuchung.

Info

Lass die zahnärztlichen Kontrollen im Nachweisheft bestätigen (Stempel, Datum und Unterschrift des Arztes), damit du bei späteren Zahnproblemen keinen Ärger mit der Krankenkasse bekommst.

Aufgaben

1. Was geschieht im menschlichen Körper durch Impfungen? Informiere dich.
2. Führt eine Telefonbefragung zu den Kosten und den Nutzen von Vorsorgeuntersuchungen und Impfungen aus Sicht der Krankenkassen durch.
3. Führt eine Pro- und Kontra-Diskussion zu Vorsorgemaßnahmen und Impfungen durch.

Für mich selbst sorgen: Sich vor Krankheiten schützen

Sich selbst erproben, Grenzen kennen lernen, Neues erkunden ist spannend und gehört zum Jugendalter. Das bedeutet auch, dass Jugendliche lernen, Verantwortung für sich und ihre Gesundheit zu übernehmen.

Es ist wichtig, sich zu überlegen, welche gesundheitlichen Folgen das eigene Verhalten mit sich bringen kann. Allerdings kann man sich nicht vor allen gesundheitlichen Belastungen schützen.

Krankheitsfaktoren und Schutzmaßnahmen im Jugendalter		
Krankheitsauslösende Faktoren	Ursachen und Risiken	Präventionsmaßnahmen
Allergene	• Der Organismus kommt über die Atemwege, den Verdauungsapparat oder durch bloße Berührung mit der Haut mit Allergenen in Kontakt. Dies sind chemische Stoffe, die Abwehrreaktionen des Immunsystems auslösen können. • Allergene kommen in der Luft, in Nahrungsmitteln und in Produkten des täglichen Bedarfs (z. B. Shampoo) und am Arbeitsplatz (z. B. Staub) vor. • Reagiert ein Körper auf ein Allergen, kann es zu einer allergischen Reaktion kommen. Diese allergischen Reaktionen können vielfältig sein und müssen vom Arzt abgeklärt werden.	• Einen grundsätzlichen Schutz gegen das Auftreten von Allergien gibt es nicht. • Wichtig ist, die Allergene herauszufinden und konsequent zu vermeiden. Mit einem Allergietest kann der Arzt herausfinden, welche Stoffe Allergien auslösen. Diese werden dann in einen Allergiepass eingetragen. • Die Inhaltsstoffe auf Verpackungen (Kosmetik, Lebensmittel, Medikamente) lesen und allergieauslösende Produkte meiden.
Lärm	• Lärm wird von jedem Menschen subjektiv bewertet. • Lärm kann gemessen werden und es ist nachgewiesen, dass nächtlicher (Verkehrs-)Lärm mit 55 dB (A) zu Störungen des Schlafs führt, die längerfristig gesundheitsschädlich sind. Ein andauernder Geräuschpegel von 85 dB (A) verursacht Gehörschädigungen. In einer lauten Diskothek (105 bB (A)) wird die Schädigungsgrenze bereits nach 24 Minuten erreicht. • Bei häufiger Überlastung des Gehörs droht chronisches Ohrenpfeifen oder sogar bleibende Schwerhörigkeit.	• Kurzfristig durch Lärmaufkommen beschädigte Zellen des Innenohrs können sich erholen: Ruhepausen (10–12 Stunden) einlegen! • Andauernde Lärmbelästigung vermeiden, ggf. Schutzmaßnahmen treffen (z. B. Ohrstöpsel, Gehörschutz) • Hörschäden sind tückisch, da sie meist langsam und unbemerkt verlaufen. Bereits bei einem Viertel aller Jugendlichen werden sie festgestellt!

Aufgabe

Holt Informationen zu weiteren krankheitsauslösenden Faktoren (z. B. Stress, Schlafmangel, Alkohol, Nikotin, Drogen, Medikamente) ein und ergänzt die Tabelle.

Vorsorge und Pflege

Methode: Erfolgreich Telefonieren

Das Telefongespräch vorbereiten
Was will ich mit dem Telefongespräch erreichen?
- Termin vereinbaren, einen Experten einladen, jemanden befragen, ...

Wen rufe ich an?
- Name und Telefonnummer des Gesprächspartners herausfinden und notieren
- sich über geeignete Ansprechzeiten informieren

Was will ich sagen?
- Fragen überlegen und aufschreiben

Was benötige ich für das Telefonat?
- Notizpapier, Kalender ... und Schreibzeug bereit legen

87.1 Schüler/-innen bei der Vorbereitung eines Telefonats

Das Telefongespräch durchführen
Ich leite das Telefongespräch ein:
- Name nennen
- Anliegen des Gesprächs kurz und deutlich vortragen

Ich bespreche mein Anliegen mit meinem Gesprächspartner
- Anliegen erklären oder Fragen stellen
- Notizen machen
- bei Unklarheiten nachfragen
- bei längeren Ausführungen zeigen, dass ich zuhöre
- kontrollieren, ob alles Wichtige gesagt ist
- eventuell wiederholen, was ich verstanden habe

Ich beende das Telefonat
- sich bedanken und verabschieden

Das Telefongespräch nachbereiten
Wie fasse ich das Ergebnis zusammen?
- Notizen kontrollieren und evtl. ergänzen
- Wichtiges markieren

Worüber muss ich andere informieren?
- für andere wichtige Informationen notieren und mündlich oder schriftlich weitergeben

„Guten Tag, mein Name ist Justin Müller. Ich bin Schüler der Klasse 8 der Silbertalschule. Für den Unterricht brauche ich Informationen zum Thema „Impfen". Ich möchte Ihnen als Expertin ein paar Fragen stellen, haben Sie 10 Minuten Zeit für mich?"

... richtig ...
... ja ...
... interessant ...

Das hat mir jetzt sehr geholfen. Vielen Dank, dass Sie sich die Zeit für mich genommen haben. Ich wünsche Ihnen noch einen guten Tag!"

Vorbereitung des Telefongesprächs

Wen rufe ich an?

Firma/ Institution: *Frau Dr. Rausch, Praxis Burg*

Wen möchte ich sprechen? *Frau Dr. Rausch*

87.2 Notizen zu einem Telefonat

Aufgaben

1. Bereitet in einer Kleingruppe ein Telefongespräch vor.
2. Erstellt einen Bewertungsbogen für ein Rollenspiel.
3. Führt das Rollenspiel durch.
4. Wertet das Rollenspiel gemeinsam aus.

Für mich selbst sorgen: Richtig stehen, gehen, liegen, sitzen, bücken und heben

Mehr als 80 % der Bundesbürger werden mindestens einmal in ihrem Leben von Rückenschmerzen geplagt. Viele Menschen haben Probleme mit ihren Knien, Verspannungen oder Kopfschmerzen. Die Ursachen sind häufig gesundheitsschädliche Körperhaltungen, die wir uns im Laufe unseres Lebens angewöhnen. Durch diese Fehlhaltungen werden jedoch Muskulatur und Knochenbau langfristig geschädigt. Die so entstandenen Krankheitskosten (Arztkosten, Krankenhausaufenthalte, Therapiekosten, Arbeitsausfallzahlungen ...) verschlingen jährlich 30 Milliarden Euro. Fehlhaltungen lassen sich nur schwer korrigieren. Eine Veränderung muss durch Training bewusst und langfristig angegangen werden.

Richtiges Gehen, Stehen, Sitzen, und Liegen sind die Grundvoraussetzung, um sich lange in seinem Körper wohl zu fühlen.

88.1 So stehst du richtig

88.2 So gehst du richtig

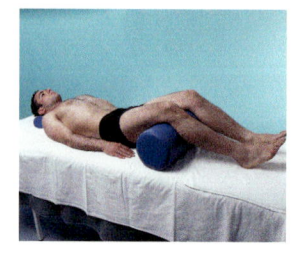

88.3 So liegst du richtig

Richtig stehen:
Vorstellung: an den Haaren nach oben gezogen zu werden.
- ganze Fußsohle am Boden
- Knie leicht gebeugt
- Becken leicht nach vorn gekippt
- Brustkorb leicht angehoben
- Halswirbelsäule gestreckt
- Schultern entspannt hängen lassen

Richtig gehen:
Vorstellung: einen Gegenstand auf dem Kopf zu balancieren.
- aufrechte Haltung einnehmen
- so gehen, dass der „vorgestellte Gegenstand" auf dem Kopf balanciert werden kann
- gedämpfte Sohlen und gemäßigte Absätze (2–3 cm) entlasten die Wirbelsäule
- übrigens: ein aufrechter Gang signalisiert auch Selbstvertrauen

Richtig liegen:
Vorstellung: du liegst auf einer Unterlage, die deine Körperformen leicht abbildet.
- Wirbelsäule und Muskulatur entlasten
- Härtegrad der Matratze dem Körper anpassen
- Bauchlage vermeiden, da sonst ein Hohlkreuz entsteht und der Kopf überdreht wird
- Rückenlage: ein Kissen unter die Knie legen, um die Lendenwirbelsäule zu entlasten
- Seitenlage: ein Kissen zwischen die Knie legen, um die Schiefstellung des Beckens zu korrigieren

Vorsorge und Pflege

Richtig sitzen
- beide Füße auf den Boden stellen
- dynamisch sitzen: aufrecht sitzen mit geradem Rücken (Anspannung) und entspannen
- nicht zu lange in einer Sitzposition bleiben
- nicht zu lange sitzen: Abwechslung von sitzenden und stehenden Tätigkeiten

Richtig sitzen an Bildschirmarbeitsplätzen
- Unterarmauflage: 5–10 cm
- Tastatur auf Ellbogenhöhe, Ellenbogen ca. im 90°-Winkel
- Abstände zwischen Augen und Bildschirm, Tastatur und Vorlage sollten zwischen 45–50 cm liegen
- Beinfreiheit, evtl. Fußstütze
- ausreichende Tischtiefe (mindestens 90 cm)

Richtig bücken:
- in die Hocke gehen
- den Rücken gerade halten, Beugung erfolgt aus der Hüfte

Richtig heben
- Gewicht realistisch einschätzen
- möglichst nahe an dem aufzuhebenden Gegenstand stehen
- Beine grätschen, damit ein sicherer Stand erreicht wird
- Knie und Hüfte soweit beugen, bis der Gegenstand sicher gefasst werden kann
- Rücken gerade halten

89.1 So sitzt du richtig

89.2 So sitzt du richtig am Computer

89.3 So bückst du dich richtig

89.4 So hebst du Gegenstände richtig

Aufgaben

1. Erprobt in Partnerarbeit die gesundheitsfördernden Körperhaltungen. Eine Person erprobt, die andere korrigiert.
2. Erkundigt euch, welche Übungen zur Rückenschulung gemacht werden können und erprobt diese (Bücher, CDs/DVDs, Expertinnen und Experten, Internet).
3. Dokumentiert im Berufspraktikum, welche Maßnahmen helfen, eine gesundheitsförderliche Körperhaltung auszuüben.

Für mich selbst sorgen: Ich fühle mich krank – was tun?

90.1 Kevin, Laura und Giuletta fühlen sich nicht wohl

Nicht immer, wenn man sich unwohl, müde und schlapp fühlt, ist man ernsthaft krank. Oft fühlt man sich auch ohne Arztbesuch und Medikamente wieder gut.

Fieber, Schmerzen, Krämpfe, länger andauernde Müdigkeit, Hautirritationen, länger andauernder Durchfall u. Ä. sind allerdings Anzeichen, die einen Arztbesuch notwendig machen.

So wird ein Arztbesuch vorbereitet:
- Beim Hausarzt anrufen (siehe S. 87): Wichtig: Beschwerden nennen und genau beschreiben. Bei einem Facharztbesuch (z. B. Hautarzt, Orthopäde ...) muss eine entsprechende Überweisung vom Hausarzt erfolgen, damit keine zusätzlichen Praxisgebühren anfallen.
- Klären, wie der Arzt erreicht werden kann (allein oder in Begleitung, mit öffentlichen Verkehrsmitteln oder zu Fuß ...)
- Versicherungskarte und evtl. das Geld für die Praxisgebühren mitnehmen. Privat versicherte Personen müssen den Namen der Versicherung wissen.
- Auf Körperhygiene und saubere Kleidung achten.
- Absprachen pünktlich einhalten, dafür rechtzeitig losfahren oder -gehen!
- Bei vermuteten Infektionskrankheiten sollte dies am Empfang der Arztpraxis gesagt werden und Kontakt mit Personen vermieden werden.
- Eventuell Unterlagen aus Voruntersuchungen mitnehmen.

Info

Infektionskrankheiten (umgangssprachlich für ‚ansteckende Krankheiten') werden durch Erreger ausgelöst, die über die Luft, Körperkontakte und Flüssigkeiten in den Körper gelangen. Masern, Grippe, Wundstarrkrampf, Röteln, Schnupfen sind häufig auftretende Infektionskrankheiten. Sie haben unterschiedliche Symptome und können zeitlich sehr unterschiedlich verlaufen. Die Therapie der Infektionskrankheiten ist abhängig davon, ob der Erreger ein Bakterium, ein Virus oder ein Pilz ist. Eine genaue ärztliche Diagnose ist deshalb wichtig, damit die erforderlichen Maßnahmen getroffen werden können.
Um bestimmte Infektionskrankheiten zu vermeiden, kann man sich impfen lassen.

Tipps, wie man sich vor Infektionskrankheiten schützen kann:
- Hände gründlich mit Seife waschen
- Körperkontakt mit kranken Personen meiden
- offene Wunden mit Verbandmittel abdecken
- ungeschützte Sexualkontakte meiden
- für warme Füße und Hände sorgen
- ausreichend schlafen und Sport treiben
- viel frisches Obst und Gemüse essen
- viel trinken

Vorsorge und Pflege

Hausmittel, die helfen können

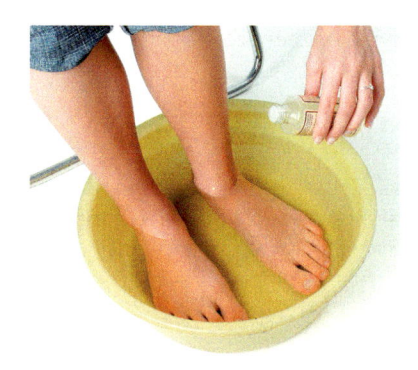

91.1 Heißes Fußbad (max. 40 °C), 20 Minuten lang, hilft bei Erkältungen. Füße abtrocknen und ausruhen.

91.2 Wer krank ist, braucht viel Schlaf. Schlafzimmer und Bett regelmäßig lüften, Raumtemperatur 14–18 °C.

91.3 Bei Halsschmerzen gurgeln. Dazu eignet sich Salbeitee mit Honig.

Beschwerden	Hausmittel
Erkältung	Warmes Erkältungsbad, danach sofort ruhen Viel trinken: Tee, Wasser, Saftschorlen
Husten	Viel trinken, zum Beispiel heiße Milch mit Honig oder Thymiantee
Schnupfen	Gesichtsdampfbad mit Kamillentee
Kopfschmerzen	Hinlegen, sich Ruhe gönnen (keine Musik, kein Fernsehen oder PC) Wärmflasche oder Cold-Pack in den Nacken legen
Bauchweh	Wärmflasche, bei starken Schmerzen zum Arzt gehen
Schlafstörungen	Nicht am Tag schlafen, nicht nach 18 Uhr zu Abend essen, kein Fernsehen im Bett, Musik und Licht vor dem Einschlafen ausmachen
Verstopfung	Bewegung, viel trinken, Sauerkrautsaft, Feigen oder Trockenpflaumen, viel Obst und Gemüse
Menstruationsbeschwerden	Wärmflasche Melissen- oder Kamillentee trinken
Zahnfleischentzündung	Mund immer wieder mit Salbeitee ausspülen

Aufgaben

1. Befragt Eltern, Großeltern, Bekannte und Nachbarn, welche Hausmittel sie kennen und anwenden.
2. Erstellt zusammen einen Lernzirkel, bei dem ihr Hausmittel erprobt, z. B. Salbeitee zubereiten, Fußbad nehmen, Wadenwickel anlegen …

Für andere sorgen: Einen kranken Menschen pflegen

Situationsanalyse
Woran mache ich fest, dass der andere Mensch meine Hilfe benötigt?
- Ich wurde um Hilfe gebeten.
- Ich schaue mir die Situation genau an.
- Ich rede mit der Person und frage nach, ob und welche Hilfe gewünscht wird.
- …

Analyse der Unterstützungsmöglichkeiten
Welche Maßnahmen könnten hilfreich sein?
- für das Trinken und Essen sorgen
- die kranke Person bei der Bewegung unterstützen
- mit dem kranken Menschen spielen, basteln, lesen, reden …
- für die kranke Person Besorgungen machen
- die Person waschen, betten, Fieber messen, Medikamente bereitstellen, einfache Pflegemaßnahmen durchführen
- …

Maßnahmen bewerten
Wie hilfreich war und ist mein Handeln?
- Ich nehme Mimik und Gestik des Kranken wahr.
- Ich frage nach, wie meine Hilfe ankommt.
- Ich überlege, wie es mir dabei geht und rede evtl. mit anderen Menschen darüber.
- …

**Hilfe anbieten
Hilfe geben
Hilfe bewerten**

Entscheidungen treffen und umsetzen
Welche Maßnahmen passen für mich und die Situation?
- Ich bewerte, welche Unterstützungsmöglichkeiten zur Situation und meinen eigenen Möglichkeiten passen.
- Ich kläre mit den Beteiligten ab, wann und wie ich am besten helfe.
- Ich setze die abgesprochenen Hilfen verantwortlich und zuverlässig um.
- …

Selbstanalyse
Wo liegen meine Möglichkeiten und meine Grenzen?
- Ich überlege, ob ich genügend Ausdauer und Geduld habe.
- Ich schätze ein, wie viel Zeit ich einbringen kann und will.
- Ich überlege, welche Fähigkeiten und Fertigkeiten ich habe und wie ich diese erweitern kann.
- Ich überlege genau, welche Fürsorgemaßnahmen ich nicht machen will.
- …

Yannick, 10 Jahre alt, hatte beim Inlineskaten einen Unfall. Er liegt mit einem verstauchten Fuß und einer leichten Gehirnerschütterung im Bett. Der Arzt hat ihm eine Woche Bettruhe verordnet. Er soll sich wenig bewegen und sein Kopf sollte immer ausreichend gestützt sein. Yannick darf zur Toilette – allerdings muss er dazu begleitet werden. Außerdem hat ihm der Arzt Medikamente verordnet. Sein Fuß muss täglich mit einer kühlenden Salbe gewickelt werden. Yannick ist ein sehr ungeduldiges Kind, er redet gerne und will beschäftigt werden. Yannicks Eltern sind beide berufstätig. Sie nehmen sich abwechselnd für Yannicks Pflege beruflich frei. Alle Beteiligten würden sich über eine Unterstützung freuen.

Aufgaben

1. Lies die Situation genau durch und analysiere, wo geholfen werden kann.
2. Sammle Möglichkeiten, was Yannick helfen könnte. Schreibe deine Ideen auf.
3. Überlege, welche der Ideen zu deiner Person passen. Erstelle eine Liste.
4. Führe mit Mitschülerinnen und Mitschülern ein Rollenspiel durch, in dem du der Familie deine Hilfe anbietest. Wichtig ist, dass du dabei klar sagst, was du machen willst, nachfragst, ob die Hilfe gewünscht wird und den Zeitpunkt abklärst.
5. Wertet das Rollenspiel gemeinsam aus.

Richtig pflegen	Das kann gemacht werden:
Umgebungs-/ Raumgestaltung	• Für frische Luft sorgen. Beim Lüften darauf achten, dass der Kranke nicht in der Zugluft liegt. • Eine ausreichend große Ablage für Lesestoff, Trinkglas oder Teetasse bereitstellen. Sie sollte leicht vom Bett aus erreichbar sein. • Die erkrankte Person so lagern, dass sie am familiären Geschehen teilnehmen kann, aber auch Ruhe und Rückzug möglich ist. • Das Krankenlager mit einer Leseleuchte ausstatten. • Eine Klingel oder Glocke in Reichweite bereitstellen. • Die Umgebung des Erkrankten ansprechend gestalten, z. B. mit Blumen, Bildern, Spieltieren bei Kindern ...
Körperpflege und Hygiene	• Den Kranken täglich von Kopf bis Fuß waschen bzw. zum Waschen auffordern. Zähneputzen nicht vergessen! • Das Krankenzimmer sauber halten und regelmäßig reinigen. Abfall und gebrauchte Wäsche täglich aus dem Zimmer entfernen. • Das Bett mindestens zweimal am Tag richten: Bettdecke und Kopfkissen aufschütteln, Bettlaken glatt ziehen und Krümel entfernen. • Durchnässte oder schmutzige Bettwäsche muss gewechselt werden!
Essen und Trinken	• Kranke Menschen sind häufig appetitlos – Kranke niemals zum Essen zwingen, denn Appetitlosigkeit ist auch ein Schutz des Körpers vor Überlastung, denn auch Verdauung braucht Energie. Wenn die kranke Person sich besser fühlt, verlangt sie von allein zu essen. • Wichtig ist es, ausreichend zu trinken: auch ohne Durst sollte getrunken werden: Tees, Mineralwasser und Fruchtsäfte • Leicht verdauliche Speisen zubereiten, Wünsche berücksichtigen.
Puls und Fieber messen, Medikamente einnehmen	• Fieber messen und Puls zählen wird morgens nach dem Wecken und abends vor dem Abendessen gemacht. Der Puls muss in äußerster Ruhelage gemessen werden. • Beim Pulsmessen die Pulsschläge pro Minute zählen. Um einen erhöhten Ruhepuls handelt es sich bei 80 Schlägen in der Minute, um einen verlangsamten Puls bei 66 Schlägen pro Minute. In beiden Fällen sollte der Arzt verständigt werden. • Entsprechend den ärztlichen Anweisungen Medikamente geben.
Zuwendung	• Der kranken Person zeigen, dass man Zeit zum Reden hat. • Streicheln, die Hand halten, am Bett sitzen ... sind kleine Zeichen der Zuwendung, wenn sie gewünscht werden. • Beschäftigungsvorschläge machen und nach Wünschen fragen. • Wenn der Kranke Besuch haben möchte und empfangen kann, diesen ermöglichen.

Aufgaben

1. Tauscht euch darüber aus, welche Pflegemaßnahmen euch besonders wichtig sind.
2. Erprobt verschiedene Pflegemaßnahmen, z. B. Tee machen, Krankenkost zubereiten, Verbände anlegen ...

Für andere sorgen: Menschen in besonderen Lebenssituationen

94.1 Menschen im Seniorenheim

94.2 Menschen mit geistiger Behinderung

94.3 Kleinkinder während der Betreuung

94.4 Menschen in einem Obdachlosenheim

Es gibt Menschen, die in ganz besonderen Lebenssituationen leben. Aufgrund ihres Alters, ihres Gesundheitszustandes, ihrer familiären oder finanziellen Situation u. a. müssen sie ihren Alltag und ihr Leben anpassen. Manchen gelingt dies ganz ohne Unterstützung – andere sind darauf angewiesen, dass man ihnen hilft. Gerade für Menschen in diesen Lebenssituationen gibt es Einrichtungen und Betreuungsangebote, die Hilfe leisten. Das Angebot ist groß und wird immer vielfältiger.

Nicht jedes Angebot passt für jede Person, da die Bedürfnisse, die Wünsche und die persönlichen Voraussetzungen ganz unterschiedlich sind. Es kann viel Zeit in Anspruch nehmen, bis das passende Angebot gefunden ist.
Durch eine Erkundung kann das Vorgehen erlernt werden. Im Team eine Situation zu erkunden hat viele Vorteile: sechs Augen nehmen mehr wahr als zwei. In der Gruppe ist oft jemand kontaktfreudig, andere können besser Ergebnisse zusammenfassen oder Fotos machen. Die Aufgaben können aufgeteilt und die Ergebnisse gleich im Team ausgetauscht werden.

Aufgaben

1. Welche Lebenssituation interessiert euch?
2. Wo können Erkundungen vor Ort durchgeführt werden?
3. Klärt ab, für welche Person ihr eine Einrichtung erkunden, vergleichen und bewerten wollt (Wünsche, Bedürfnisse, Bedarf).

Vorsorge und Pflege

Betreuungsangebote erkunden

Umgang
- Umgangston und Umgangsformen des Personals mit den zu Betreuenden
- Umgangston und Umgangsformen des Personals untereinander
- Konfliktlösungsstrategien
- Offenheit gegenüber Gästen
- äußerer Eindruck der Betreuten

Standort
- Lage der Einrichtung
- Anbindung an öffentliche Verkehrsmittel
- Grünanlagen, Freizeitmöglichkeiten im Außenbereich, Geschäfte, Serviceeinrichtungen

Ausstattung
- Umfang und Ausstattung von Gemeinschaftsräumen
- Möglichkeiten des persönlichen Rückzugs
- Orientierungshilfen
- Zielgruppengerechte Hygieneeinrichtungen
- Gestaltung der Einrichtung (Farben, Pflanzen, Bilder, Helligkeit)
- Geräuschkulisse
- Geruch

Essen und Trinken
- Getränke und Speisenangebot
- Organisation von Mahlzeiten
- Wahlmöglichkeiten
- Mitbestimmungsmöglichkeiten
- Aussehen und Darreichung von Speisen und Getränken

Festlegen der Wünsche, Bedürfnisse und sonstigen Voraussetzungen der hilfsbedürftigen Person

Finanzierung/Verträge
- Leistungsangebot
- Preise
- Abrechnungsverfahren
- Vertragliche Bindung
- Haftung bei Schäden

Sicherheit und Sauberkeit
- Organisation der Reinigung
- Sauberkeits- und Hygieneregeln
- Verwahrung persönlicher Gegenstände
- Kleidung des Betreuungspersonals
- sicherheitstechnische Ausstattung

Betreuung und Pflege
- Anzahl und Ausbildung der Mitarbeiter und Mitarbeiterinnen
- Zuständigkeiten des Personals
- Organisation der Betreuung und Pflege
- Förderung der Selbstständigkeit der betreuten Menschen

Aktivitäten
- Beschäftigungsangebote und Freizeitaktivitäten in der Einrichtung
- Angebote außerhalb der Einrichtung
- Qualität der Angebote

Betreuungsangebote
- Name der Einrichtung
- Adresse
- Ansprechpartner
- Telefon, E-Mail, Internet

Aufgaben

1. Wählt Bewertungsbereiche aus, die für die ausgewählte Person wichtig sind. Erstellt einen Bewertungsbogen.
2. Erkundet möglichst zwei Einrichtungen, damit ihr einen Vergleich habt.
So kann ein Bewertungsbogen aussehen:

Kriterien	Bemerkungen	Bewertung		
Ist die Einrichtung an den Nahverkehr angebunden?	Bushaltestelle direkt vor dem Eingang	☒	☺	☹
...	...	☺	☺	☹

Methode: Von der Erkundung zur Bewertung

Auf der Grundlage unserer Wahrnehmung bewerten wir unsere Umwelt. Bewertungen sind wichtig, damit wir uns in der Welt zurechtfinden. Allerdings nehmen Menschen ihre Umwelt ganz unterschiedlich wahr und kommen zu unterschiedlichen Bewertungen. Einmal getroffene Einschätzungen werden oft aus dem Bauch heraus auf neue Situationen übertragen und verhindern damit, dass diese neue Situation in ihrer Bandbreite wahrgenommen und bewertet wird.

Die Vorgehensweise „Wahrnehmen/Herausfinden – Interpretieren – Bewerten" kann helfen, eine Bewertung der Situation angemessen vorzunehmen.
Um eine begründete Bewertung vorzunehmen, braucht man Beurteilungskriterien. Diese leiten die Beobachtung und fördern die zielgerichtete Kommunikation in der Erkundungsgruppe. Sie sind auch Grundlage für die Präsentation und die Diskussion der Ergebnisse in der ganzen Lerngruppe.

Wahrnehmung und Bewertung

1. Wahrnehmen und Herausfinden
- Welche Bereiche müssen aufgrund der Bedürfnisse und Erwartungen erkundet werden?
- Welche Methoden eignen sich (Interview, Beobachtung, gemeinsame Aktion)?
- Mit welchen Medien dokumentieren wir (Foto, Film, Tonbandaufnahme, Fragebogen)?
- Wie nehmen wir Kontakt zu den Betroffenen auf (Telefon, Internet, Beratungsstelle, Bekannte)?
- Wer übernimmt bei der Erkundung welche Rolle (Begrüßung/ Verabschiedung, Fragen stellen, Ergebnisse dokumentieren)?
- Durchführung der Erkundung

2. Interpretieren
- Was habe ich wahrgenommen? Wie hat es auf mich gewirkt?
- Wie haben die anderen es wahrgenommen? Wie hat es auf sie gewirkt?
- Worin stimmen wir überein? Worin unterscheiden wir uns?

3. Bewerten
- Wie bewerten wir die erkundete Situation?
- Welche Beobachtungen und Informationen stützen unsere Bewertungen?

4. Die eigenen Ergebnisse anderen präsentieren
- Welche Beobachtungen und Informationen wählen wir für die Präsentation aus?
- Wie stellen wir unsere Bewertung vor?
- Welche Medien setzen wir ein?
- Wer übernimmt bei der Präsentation welche Rolle?

5. Mit anderen diskutieren
- Welche Fragen wollen wir mit der ganzen Lerngruppe diskutieren?
- Wer übernimmt die Diskussionsleitung?

Aufgaben

1. Führt eine Erkundung und Bewertung nach der vorgestellten Vorgehensweise durch.
2. Gebt zum Abschluss der Bewertung eine Empfehlung für eine vorgegebene Situation ab (Brief schreiben, Bewertungstabelle erstellen, Beratungsgespräch simulieren).

Vorsorge und Pflege

Für andere sorgen: Im Alltag Hilfe anbieten

Menschen mit körperlichen, seelischen oder geistigen Beeinträchtigungen leben mitten unter uns. Sie fordern häufig, dass ihre besondere Lebenssituation als Daseinsform wie jede andere betrachtet wird und man ihnen als Gleichen unter Gleichen begegnet. Trotzdem gibt es Situationen, in denen sie Hilfe gerne annehmen, wenn sie ihnen angeboten wird. Egal, ob uns Menschen mit Beeinträchtigungen oder andere hilfsbedürftige Personen begegnen, überlegen wir uns, ob wir helfen sollen und können. Vielleicht scheuen wir uns Hilfe anzubieten, da wir den anderen nicht zu nahe treten wollen.

So kann ich Hilfe anbieten:

1. Beobachten/ Wahrnehmen
Woran erkenne ich, dass jemand Hilfe braucht? Welche Hilfestellung könnte sinnvoll sein?

2. Kontakt aufnehmen
Höflich und nicht aufdringlich fragen, ob Hilfe benötigt wird:

„Darf ich Ihnen behilflich sein?"

„Benötigen Sie Hilfe?"

3. Hilfe geben
Nachfragen, wie geholfen werden kann.

„Wie kann ich Ihnen helfen?"

„Soll ich Sie über die Straße begleiten?"

Nachfragen, ob die Hilfe so angenehm ist.

„Ist das Tempo für Sie in Ordnung?"

„Halte ich Sie richtig?"

4. Sich verabschieden
Sich höflich verabschieden.

„Kommen Sie jetzt allein zurecht? Ich wünsche Ihnen einen guten Tag."

Du stehst an einer Kreuzung und beobachtest, dass ein Mann mit zwei Krücken und Einkaufstaschen neben dir steht.

97.1 Körperlich beeinträchtigter Mann

Vor dir am Fahrkartenschalter versucht eine alte Dame eine Fahrkarte zu lösen. Der Verkaufsvorgang wird immer wieder abgebrochen.

97.2 Seniorin beim Fahrkartenkauf

Aufgaben

1. Bereitet in Partnerarbeit ein Rollenspiel vor. Geht dabei nach der beschriebenen Abfolge vor.
2. Präsentiert euer Rollenspiel.
3. Wertet das Rollenspiel gemeinsam mit euren Beobachtern aus. Wie wurden die Kriterien des Helfens umgesetzt?

Für andere sorgen: Ein Unfall ist passiert

Richtig verhalten am Unfallort
Nach einem Unfall ist es für alle Beteiligten wichtig, Ruhe und Übersicht zu bewahren. Jeder Mensch ist verpflichtet, in einer Notsituation zu helfen. Sofortmaßnahmen müssen ergriffen werden und der Rettungsdienst ist zu alarmieren!

So gehst du vor:
1. **Unfallstelle absichern**
   Verschaffe dir rasch einen Überblick über die Situation. Gefährde dich nicht selbst! Verhindere, dass weitere Unfälle geschehen können. Sichere die Unfallstelle ab (z. B. Warndreieck, Warnblinker).

98.1 Mofaunfall

2. **Sofortmaßnahmen ergreifen**

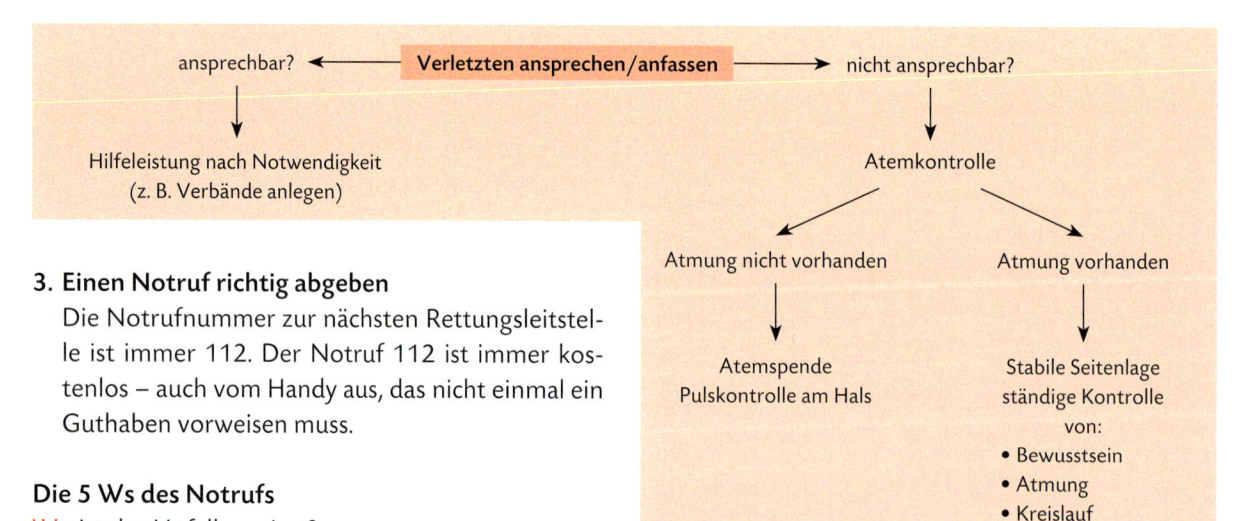

```
                    Verletzten ansprechen/anfassen
        ansprechbar? ←                           → nicht ansprechbar?
              ↓                                              ↓
   Hilfeleistung nach Notwendigkeit                    Atemkontrolle
      (z. B. Verbände anlegen)                      ↙             ↘
                                         Atmung nicht         Atmung
                                          vorhanden          vorhanden
                                             ↓                  ↓
                                         Atemspende       Stabile Seitenlage
                                       Pulskontrolle       ständige Kontrolle
                                          am Hals               von:
                                                            • Bewusstsein
                                                            • Atmung
                                                            • Kreislauf
```

3. **Einen Notruf richtig abgeben**
   Die Notrufnummer zur nächsten Rettungsleitstelle ist immer 112. Der Notruf 112 ist immer kostenlos – auch vom Handy aus, das nicht einmal ein Guthaben vorweisen muss.

Die 5 Ws des Notrufs
Wo ist der Unfall passiert?
Ort, Straße, Hausnummer, Besonderheiten der Umgebung
Was ist geschehen?
kurz beschreiben, z. B. Auffahrunfall von Moped und Pkw
Wie viele Verletzte?
Zahl der Verletzten nennen, bei Kindern auch das Alter angeben.
Welche Verletzungen?
Art und Schwere der Verletzungen beschreiben, z. B. offene Wunde, starke Blutung, Verbrennung
Wer ruft an?
Angabe des eigenen Namens und der Rufnummer

Erst auflegen, wenn die Rettungsleitstelle das Gespräch beendet.

Aufgaben

1. Sprecht über eure Erfahrungen mit Unfällen. Welche Unterschiede und Gemeinsamkeiten gibt es?
2. Übt im Rollenspiel den Telefonanruf in einem Notfall!

Vorsorge und Pflege

Wir organisieren einen Erste-Hilfe-Kurs

Jeder Mensch ist verpflichtet, bei Unfällen zu helfen. Damit dies sicher und sachgerecht geschieht, fordert der Gesetzgeber bereits bei der Mofaprüfung und bei allen nachfolgenden Fahrprüfungen den Nachweis eines aktuellen Erste-Hilfe-Kurses. Es ist sinnvoll, den Erste-Hilfe-Kurs schon in der Schulzeit zu machen und regelmäßig an Auffrischungskursen teilzunehmen.

99.1 Schüler beim Erste-Hilfe-Kurs

99.2 Ausbilder erklärt, was zu tun ist

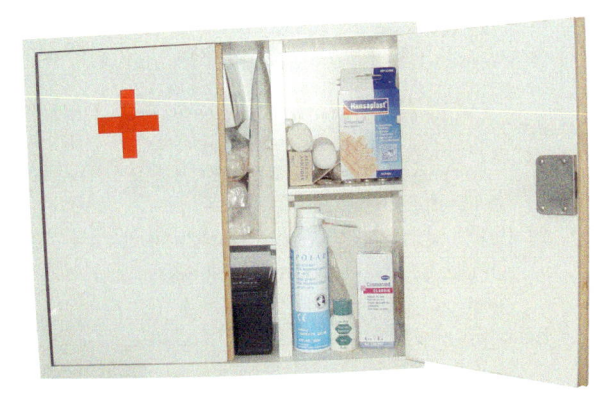

99.3 Erste-Hilfe-Schrank

Vorgehensweise

1. Anbieter recherchieren
- Telefonbuch, Branchenverzeichnis, Bekannte, Schulleitung, Internet
- Adresse und Telefonnummer, E-Mail-Adresse und Homepage notieren

2. Kontakt aufnehmen
- mündlich (Telefonanruf oder Beratungsgespräch vor Ort) oder schriftlich (Brief, E-Mail)
- zu klärende Punkte:
  Kurse, Termine, Dauer der einzelnen Veranstaltungen, Ort, Zeit, Kosten, Lehrinhalte, Zertifizierung, Ausbilder (Alter, Qualifizierung)
- eventuell Flyer oder Informationsmaterialien (in Klassenstärke) zuschicken lassen

3. Klasse, Schulleitung und Eltern informieren
- erfragte Informationen präsentieren
- offene Fragen diskutieren und abstimmen
- eine Entscheidung treffen
- Genehmigung von der Schulleitung einholen
- Eltern informieren und deren Einverständnis einholen

4. Mit dem Anbieter schriftlich klare Absprachen treffen
- Ort
- Dauer
- Anzahl der Veranstaltungen
- Termine festlegen
- Anzahl der Teilnehmenden
- mitzubringende Hilfsmittel, erforderliche Kleidung
- Kosten
- Zertifikat

5. Kurs durchführen
- pünktlich erscheinen
- angemessene, saubere Kleidung
- erforderliche Hilfsmittel mitbringen (z. B. Decke, Schreibzeug)
- auf einen höflichen Umgangston achten
- Hilfe beim Aufbau und Aufräumen anbieten
- ausgebildete Schülerinnen und Schüler können sich als Schulsanitäter engagieren

Sicher durchs Leben: Versicherungen

Arbeitslosigkeit, Unfälle, Krankheit, Pflegebedürftigkeit und Alter lösen oft Notsituationen in Familien und bei einzelnen Personen aus. Der Gesetzgeber hat deshalb festgelegt, welche Sozialversicherungen verpflichtend abgeschlossen werden müssen. Daneben gibt es eine Vielzahl von freiwilligen Versicherungen, durch die fast alles, was im Leben passieren kann, finanziell abgesichert werden kann.

Es gibt viele Versicherungsunternehmen, die verpflichtende und freiwillige Versicherungen anbieten. Die Unterschiede der Kosten, der Leistungen und der Versicherungsbedingungen zwischen den Anbietern können sehr groß sein. Aus diesem Grund ist es wichtig, sich Informationen einzuholen, diese zu vergleichen und zu bewerten, bevor ein Versicherungsvertrag abgeschlossen wird.
Wichtig ist, dass ein Vertrag niemals nach einer ersten Information unterschrieben wird.

100.1 Typischer Versicherungsfall

Sozialversicherungen
Gesetzliche Sozialversicherungen sind vom Staat festgeschrieben. Der gesetzliche Rahmen ist im Sozialgesetzbuch (SGB) festgehalten. Es gibt fünf Bereiche:
- Krankenversicherung,
- Pflegeversicherung,
- Rentenversicherung,
- Arbeitslosenversicherung,
- Unfallversicherung.

Die Kranken-, Renten- und Arbeitslosenversicherungen werden je zu einem Teil durch die Beiträge der abhängig beschäftigen Arbeitnehmerinnen und deren Arbeitgeber finanziert. Dies gilt in Baden-Württemberg auch für die Pflegeversicherung. Die gesetzliche Unfallversicherung finanziert sich aus den Beiträgen der Arbeitgeber.

Alle gesetzlichen Versicherungen werden vom Staat kontrolliert und bei Bedarf den Situationen angepasst.

Freiwillige Versicherungen
Unter freiwilligen Versicherungen versteht man Angebote der Versicherungsunternehmen, für die sich jede Person selbst entscheiden kann. Die werden ausschließlich vom Versicherten getragen.
Es gibt zum Beispiel:
- Hausratversicherung,
- Haftpflichtversicherung,
- Rechtsschutzversicherung,
- Ausbildungsversicherung,
- Berufsunfähigkeitsversicherung.

Info

Das ist beim Vergleichen von Versicherungsangeboten wichtig:
- Was wird versichert?
- Welche Bedingungen gibt es für den Anfang und das Ende der Versicherung?
- Wie muss ich vorgehen, wenn ich die Versicherungsleistungen in Anspruch nehmen möchte?
- Bekomme ich eine Vergünstigung, wenn ich die Versicherung nicht in Anspruch nehme?
- Wer ist mein ständiger Ansprechpartner?
- Wie kann ich den Kontakt herstellen?

Vorsorge und Pflege

Träger und Leistungen der gesetzlichen Sozialversicherungen			
Sozialversicherung	Träger (Beispiele)	Leistungsberechtigte	Leistungen
Krankenversicherung	Krankenkasse (Orts-, Ersatz- oder Betriebskrankenkasse)	Arbeiter, Angestellte, Auszubildende, Arbeitslose, Rentner, landwirtschaftliche Unternehmer, Heimarbeiter, Studenten, Wehr- und Zivildienstleistende, Mitversicherte	alle Sach-, Personal- und sonstige Leistungen, die in unmittelbarem Zusammenhang mit einer Krankheit stehen
Pflegeversicherung	Pflegekassen (angegliedert an die Krankenkassen)	siehe Krankenkasse	• Sachleistungen (z. B. Betreuung durch eine Pflegestation) • Geldleistungen (z. B. Pflegegeld) • Kombination aus beidem
Rentenversicherung	Deutsche Rentenversicherung	Angestellte, Arbeiter, Selbstständige (nur unter bestimmten Umständen), Kindererziehende, Pflegepersonen	• Altersruhegeld (Rente), • Rehabilitationsmaßnahmen, • Geldleistung bei Erwerbsunfähigkeit
Arbeitslosenversicherung	Agentur für Arbeit	Arbeitnehmer, die in den letzten drei Jahren mindestens 12 Monate Beiträge bezahlt haben	• Arbeitslosengeld • Umschulungsmaßnahmen
Unfallversicherung	• Berufsgenossenschaften der Gewerbezweige, • Unfallversicherungen der öffentlichen Träger	Angestellte, Arbeiter, Schüler, Studenten, Mitarbeiter des öffentlichen Dienstes, Kinder in Tageseinrichtungen	• Behandlungskosten • Rehabilitationsmaßnahmen • Berufshilfen, die aus Arbeitsunfällen oder Berufskrankheiten entstehen

Träger und Leistungen freiwilliger Versicherungen			
Versicherung	Träger	Leistungsberechtigte	Leistungen

Aufgaben

1. Recherchiert drei freiwillige Versicherungen und vervollständigt die Tabelle.
2. Wählt eine Versicherung aus und holt bei mindestens zwei Anbietern Informationen ein.
3. Erstellt eine Bewertungstabelle und tragt die Informationen ein.
4. Markiert in der Tabelle, wo Gemeinsamkeiten und Unterschiede.

Sicher durchs Leben: Hilfe – was soll ich versichern?

Unterschiedliche Meinungen

Mir reichen die gesetzlichen Pflichtversicherungen vollkommen. Mehr brauche ich nicht. In Krisen finde ich schon jemanden, der mir helfen wird.

Vor dem letzten Urlaub hatte ich eine Reiserücktrittversicherung abgeschlossen. Kurz vorher hat meine Freundin mit mir Schluss gemacht und ich durfte nicht mit ihr verreisen. Das Geld hat mir die Versicherung nicht gezahlt.

Neben den gesetzlichen Versicherungen haben wir eine Haftpflichtversicherung, eine Hausratversicherung, eine Rechtsschutzversicherung und eine Lebensversicherung. Meine Eltern sind der Meinung, dass es wichtig ist, sich umfassend zu versichern, da sie auch für mich und meine Schwester Verantwortung haben.

Die Deutschen geben zu viel Geld für Versicherungen aus.

Ich bin viel krank. Ich habe deshalb alle zusätzlichen Angebote der Krankenversicherung abgeschlossen.

Info

Neben den gesetzlichen Versicherungen muss jede Person selbst entscheiden, welche freiwilligen Versicherungen für sie wichtig sind. Es sollte der Grundsatz gelten: So wenig wie möglich – so viel wie nötig.

Wie würdest du entscheiden?

Ingo (16 Jahre) macht eine Ausbildung zum Koch. Er fährt täglich mit seinem Rennrad im dichten Stadtverkehr zur Arbeit. Seine Berufswahl war nicht einfach, da Ingo manchmal Rückenschmerzen hat. Zusätzliche Versicherungen muss Ingo von seiner Ausbildungsvergütung bezahlen.

Martha (23 Jahre) arbeitet als Pflegefachkraft im Krankenhaus. Ihre Arbeitskolleginnen diskutieren häufig, ob der gesetzliche Rentenanspruch wohl ausreichen wird. Sie kann sich diese Lebensphase noch gar nicht vorstellen. Am liebsten würde sie drauf los leben und etwas Geld zur Seite legen.

Aufgaben

1. Lies die Meinungen. Wo liegen die Unterschiede? Wie können sie erklärt werden?
2. a) Lies die Fallbeschreibungen aufmerksam durch.
   b) Überlege dir, welche Versicherungen für die Personen infrage kommen könnten.
   c) Wähle einen Fall aus und informiere dich über mögliche Angebote.
   d) Bewerte die Angebote und berücksichtige dabei deinen ausgewählten Fall.
   e) Gib für den Fall eine Empfehlung ab.

Vorsorge und Pflege

Sicher durchs Leben: Das neue Haus der Zukunftsvorsorge

Info

Der Zukunftsforscher Opaschowski hat dieses Haus entwickelt. Ihm ist es wichtig, dass die Zukunftsvorsorge nicht nur aus der materiellen Absicherung des Lebens besteht. Zur Vorsorge gehören für ihn die dargestellten vier Stockwerke. Das bedeutet, dass jeder einzelne Mensch aufgefordert ist, für diese Sorge zu tragen. Ein stabiles Haus kann nur dann gebaut werden, wenn die Gesellschaft beim Aufbau mithilft (z. B. gesetzliche Rahmenbedingungen, soziale Einrichtungen ...). Vertrauen, Verantwortung und Verlässlichkeit sind der „soziale Kitt", der dieses Haus zusammenhält.

Armutsvermeidung
Lebensstandardsicherung
Lebensqualität

Materielle Vorsorge
- gesetzliche und freiwillige Versicherungen
- Ersparnisse
- Haus- und Wohneigentum
- ...

Gesundheitliche Vorsorge
- gesundheitsbewusste Ernährung
- Sport und Bewegung
- gesundheitsbewusste Arbeitsplatzgestaltung
- ...

Soziale Vorsorge
- Pflege familiärer Bindungen
- Aufbau und Pflege von verlässlichen Freundschaftsbeziehungen
- Aufbau von sozialen Netzwerken (Internet, Verein, Kirche)
- ...

Seelische Vorsorge
- Aufbau und Pflege eigener Interessen und Hobbys
- Weiterentwicklung der eigenen Fähigkeiten und Fertigkeiten
- Lust und Spaß, Neues auszuprobieren
- ...

Interview mit Herrn Lehmann (60 Jahre)

Wie haben Sie sich für Ihr Alter finanziell abgesichert?
Ich wohne in einer Eigentumswohnung und werde monatlich meine gesetzliche Rente und eine Betriebsrente (zusammen ca. 1 800 €) und etwa 200 € Zinsen von meinem Ersparten bekommen.

Was haben Sie für Ihre Gesundheit getan?
Mein Bauch zeigt deutlich, dass es mit meiner Ernährung nicht so ganz stimmt. Als Ausgleich zu meiner sitzenden Tätigkeit fahre ich jeden Tag mit dem Fahrrad zur Arbeit.

Wie wichtig sind Ihnen Beziehungen zu Freunden und zu Verwandten?
Meine Familie steht für mich an erster Stelle. Sie hilft mir – und ich helfe ihnen. Meine Freunde würde ich gerne häufiger treffen. Das schaffe ich hoffentlich, wenn ich mal in Rente bin. Eines ist mir heilig: freitags treffe ich meine Kumpel zum Skat.

Welche Hobbys und Interessen haben Sie?
Große Freude habe ich an meinem Garten und mit meiner CD-Sammlung.

Aufgaben

1. Wie bewertet ihr das Konzept der Zukunftsvorsorge?
2. Überlegt Fragen und führt mit unterschiedlichen Personen ein Interview durch.

Berufssteckbrief: Altenpfleger/-in

Tätigkeiten in diesem Beruf
- hilfsbedürftige ältere Menschen pflegen, beraten und betreuen
- bei der Körperpflege, beim Anziehen und Essen helfen
- Gespräche führen, vorlesen, basteln
- bei Behördengängen und Arztbesuchen begleiten
- mit Familienangehörigen und ehrenamtlichen Helfern zusammenarbeiten
- medizinische und pflegerische Maßnahmen durchführen (z. B. Verbände wechseln)
- den zu pflegenden Menschen beobachten und Ärzte informieren
- Beobachtungen dokumentieren
- Pflegeberichte verfassen

Wo wird dieser Beruf ausgeübt?
Altenpfleger/-innen arbeiten hauptsächlich in
- geriatrischen Abteilungen von Krankenhäusern,
- Kurzzeitpflegeeinrichtungen,
- ambulanten sozialen Diensten,
- Altenwohn- und Pflegeheimen,
- Privathaushalten.

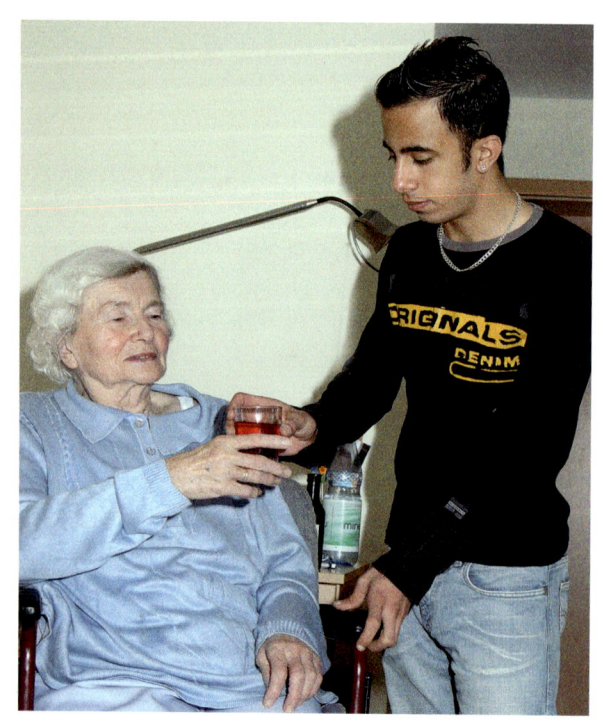

104.1 Altenpfleger bei der Arbeit

Welche Kompetenzen braucht man?

	vorteilhaft	wichtig	sehr wichtig
Interesse und Freude an Menschen	X	X	
Teamfähigkeit und Kundenorientierung	X	X	X
Sorgfalt	X	X	
Beobachtungsgabe	X	X	X
Hygienebewusstsein	X	X	X
Belastbarkeit	X	X	
Kreativität	X		
Gute Deutschkenntnisse in Wort und Schrift	X	X	
Selbstständigkeit und Verantwortungsbewusstsein	X	X	X
Geistige, körperliche und seelische Gesundheit	X	X	

Wie ist die Ausbildung organisiert?

Berufstyp	anerkannter Ausbildungsberuf
Ausbildungsvoraussetzungen	• gesundheitliche und persönliche Eignung • mittlerer Bildungsabschluss oder Ausbildung zur Altenpflegehelfer/-in
Ausbildungsart und Lernorte	• duale Ausbildung • an Berufsfachschulen für Altenpflege und in Altenpflegeeinrichtungen
Ausbildungsdauer	3 Jahre

Vorsorge und Pflege

Ausbildungsberufe im Gesundheitswesen

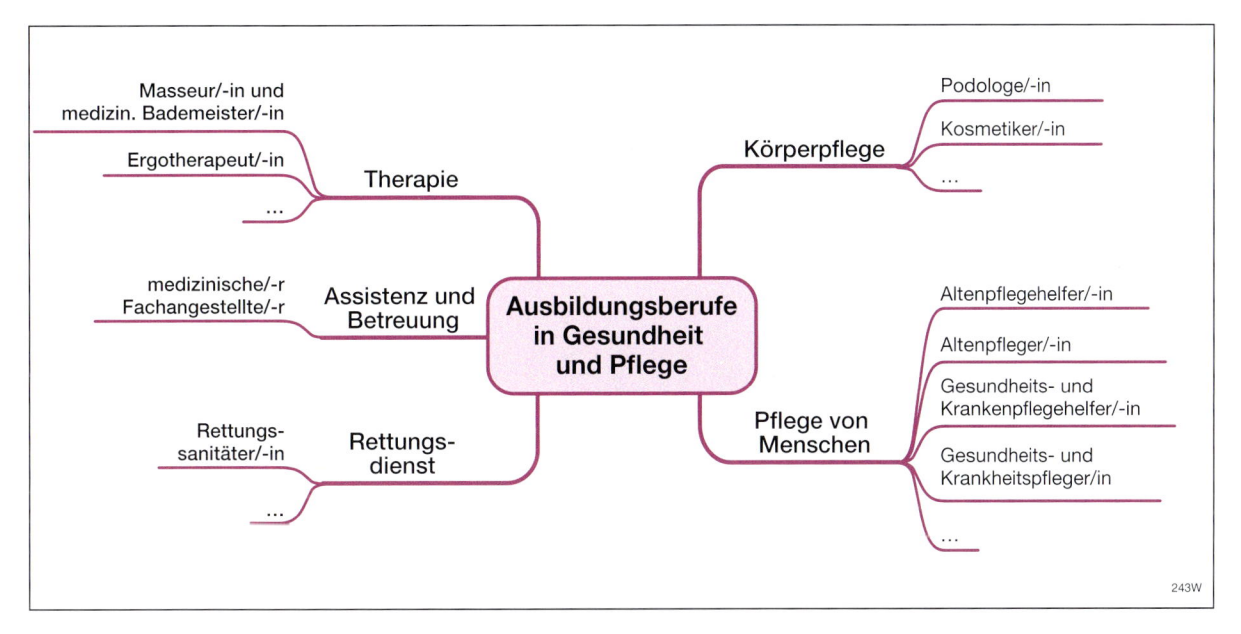

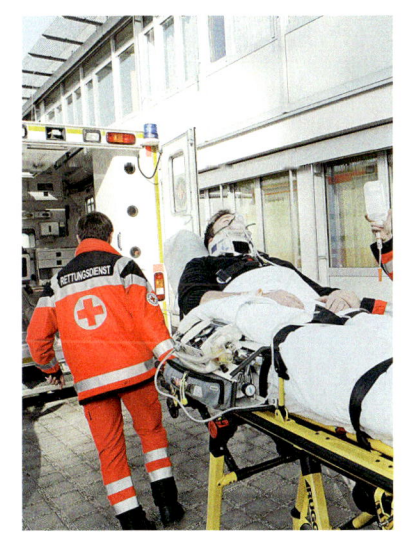

- **Therapie**
  - Masseur/-in und medizin. Bademeister/-in
  - Ergotherapeut/-in
  - ...
- **Assistenz und Betreuung**
  - medizinische/-r Fachangestellte/-r
- **Rettungsdienst**
  - Rettungssanitäter/-in
  - ...
- **Körperpflege**
  - Podologe/-in
  - Kosmetiker/-in
  - ...
- **Pflege von Menschen**
  - Altenpflegehelfer/-in
  - Altenpfleger/-in
  - Gesundheits- und Krankenpflegehelfer/-in
  - Gesundheits- und Krankheitspfleger/in
  - ...

Ausbildungsberufe in Gesundheit und Pflege

243W

105.1 Rettungssanitäter

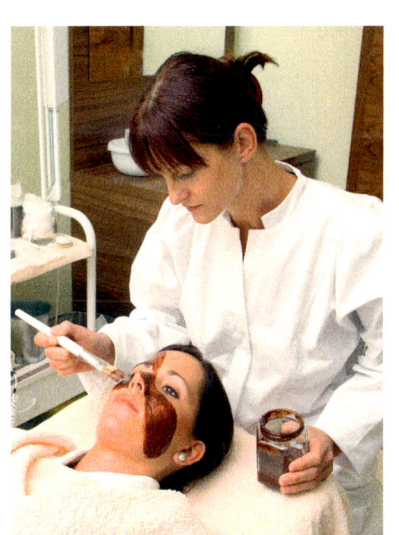

105.2 Kosmetikerin

105.3 Medizin. Bademeisterin

Aufgaben

1. Welche Berufe interessieren dich? Entscheide dich für zwei Berufe und begründe deine Entscheidung.
2. Hole Informationen zu diesen Berufen ein und erstelle einen Steckbrief. Das kann hilfreich sein: Internet, Informationsbroschüren der Agentur für Arbeit, Interview mit Berufstätigen.
3. Mache ein Praktikum, so erhältst du am besten Einblick in den Beruf.

Nachhaltigkeit und
Verbraucherbewusstsein

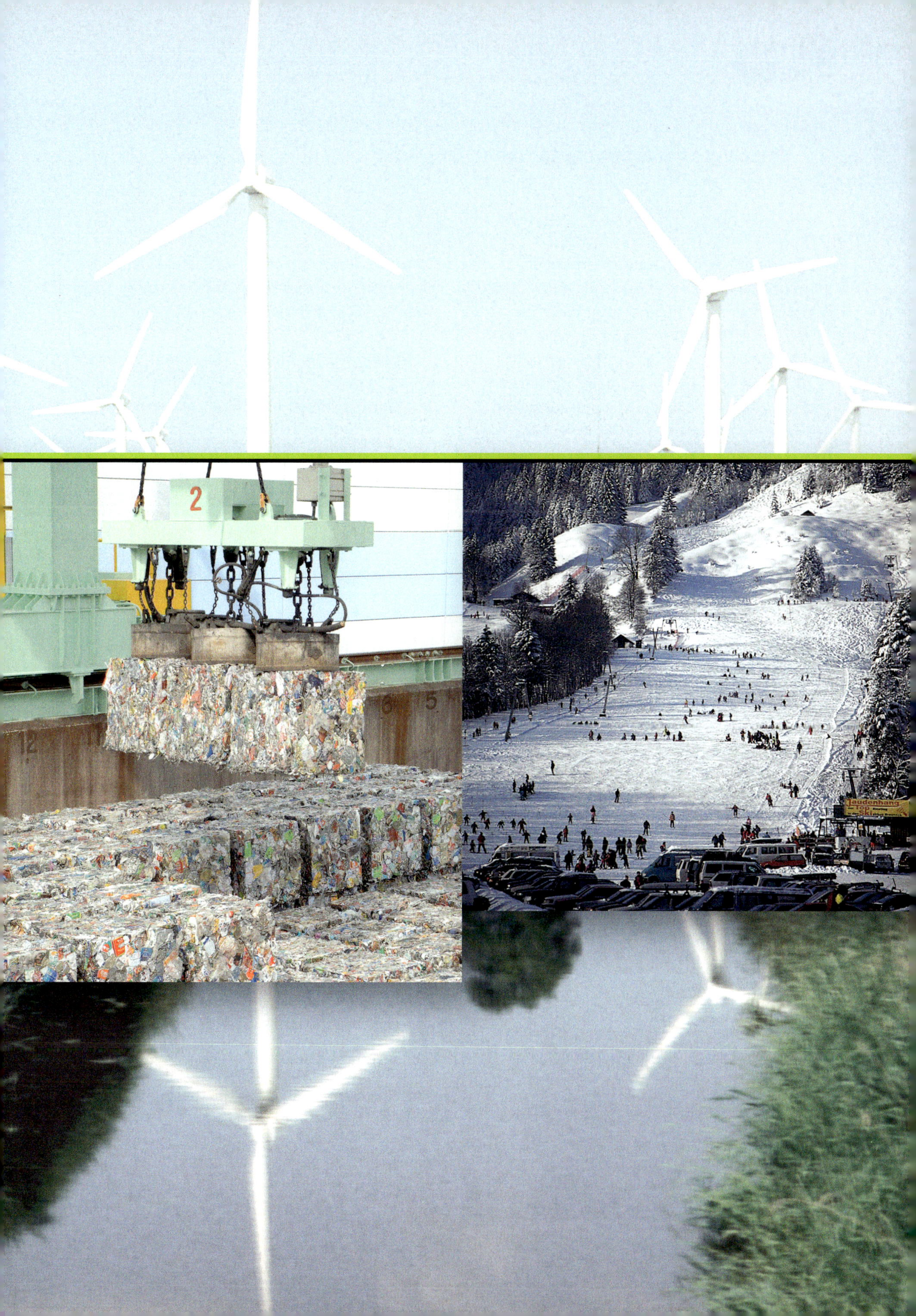

E Einstieg: Entscheidungen haben Folgen

Häufig wird in den Medien über die Folgen des Klimawandels, Katastrophen und soziale Ungerechtigkeiten berichtet. Doch was haben diese Dinge, die oft weit weg passieren, mit unserem alltäglichen Verhalten zu tun?
Täglich treffen wir Entscheidungen und haben Verhaltensweisen verinnerlicht, die weit reichende Folgen haben, die nicht nur uns betreffen. Sie haben Auswirkungen auf andere Menschen, auf die Natur und das Zusammenleben in der Gemeinschaft.

Damit das Leben auf unserem Planeten lebenswert bleibt oder wird, sind Politik, die Finanzwelt, Unternehmen – aber auch jeder Einzelne gefordert.

In diesem Kapitel stehen Situationen im Mittelpunkt, in denen du lernst, deine Entscheidungen und dein Verhalten im Alltag zu überprüfen. Du kannst entdecken, wo es dir möglich ist, dein Verhalten zu ändern, um deinen Beitrag zu einer nachhaltigen Entwicklung zu leisten.

108.1 Schüler diskutieren

„Seit drei Wochen planen wir unsere Abschlussfahrt am Ende der Klasse 9. Wir kommen nicht weiter! Einige von uns haben sich in den Kopf gesetzt, dass wir mit dem Bus nach Spanien fahren und in einem günstigen Jugendhotel mit Vollpension übernachten. Andere und auch unser Lehrer, Herr Hahn, wollen viel lieber mit dem Fahrrad über die schwäbische Alb radeln, selbst kochen und campen.

Da wir mit den Argumenten „Spaß" und „Freude" in der Diskussion nicht weiterkommen, hat Herr Hahn vorgeschlagen, dass wir weitere Argumente finden sollen."

108.2 Jugendliche Vegetarierin

„Ich bin seit zwei Jahren Vegetarierin. Das heißt, ich verzichte auf Fleisch und Wurst – Milch und Eier esse ich aber weiterhin. Auf die Idee kam ich, als ich im Fernsehen einen Bericht gesehen habe, wie Rinder gemästet und geschlachtet werden. Pfui Teufel – ich ekele mich noch heute, wenn ich daran denke.

Nun möchte ich auch meinen Freund überzeugen, dass ein Leben ohne Döner und Burger besser ist."

Nachhaltigkeit und Verbraucherbewusstsein

109.1 Jugendlicher nach dem Getränkeeinkauf

„Jeden Samstag bin ich dazu verdonnert, mit meinem Vater für die gesamte Familie die Getränke zu besorgen. Das bedeutet, dass wir mindestens vier Kisten Mineralwasser mitbringen müssen. Die Schlepperei nervt mich! Und dann kapiere ich auch nicht, dass meine Mutter auf mindestens einer Kiste Wasser aus Italien besteht.

Ich will vorschlagen, dass wir der Umwelt zuliebe einfach auf Leistungswasser umsteigen."

109.2 Energiesparlampe

„Zu einem gemütlichen Zimmer fehlt mir eigentlich nur noch eine tolle Leselampe. Ich habe in einem Gebrauchtwarenladen eine Lampe gesehen, die mir gefällt und deren Preis auch ganz okay ist. Was mich verunsichert, ist der Hinweis, dass sie nicht mit energiesparenden Leuchtmitteln genutzt werden kann. Meine Eltern bestehen aber darauf, dass in ihrem Haushalt nur Energiesparlampen verwendet werden."

109.3 Schokolade durch Kinderarbeit?

„Auf Schokolade will ich nicht verzichten. Ich esse sie einfach sehr gerne und in allen Variationen. Vor kurzem hat meine Tante behauptet, dass zur Kakaoernte in Afrika auch Kinder im Grundschulalter eingesetzt werden. Das hat mich echt geschockt. Nun habe ich gesehen, dass in meinem Supermarkt auch Schokoladen mit Fairtrade- und Bio-Siegel angeboten werden. Ich würde auch die etwas teurere Schokolade kaufen, bin mir aber nicht sicher, ob dann Kinderarbeit ausgeschlossen ist."

Aufgaben

1. Tauscht euch über Erfahrungen in ähnlichen Situationen aus.
2. Mit welcher Situation würdet ihr euch gerne näher beschäftigen? Begründet die Wahl.

Nachhaltig konsumieren: Mehr als Geld, Geschmack und Zeit

110.1 Frühstück selbst gemacht

110.2 Frühstück hinterlässt Müll

Wir alle tun es, jeden Tag: wir konsumieren Lebensmittel. Kaufen wir diese bewusst ein, treffen wir Produktentscheidungen aufgrund ganz bestimmter Überlegungen. Dabei spielen Geld, Aussehen, Geschmack, Zeit und Arbeitsplanung eine wichtige Rolle.

Was wir meist nicht beachten oder außer Acht lassen: unsere Konsumentscheidungen zeigen noch ganz andere Wirkungen. Wir bestimmen mit, wie und wo produziert wird, welche Naturressourcen verbraucht werden und wie viel Müll anfällt.

Überlegungen beim Einkauf von Lebensmitteln für ein Frühstück

- Wie viel Zeit habe ich, um mein Frühstück herzustellen?
- Kann ich selbst Marmelade herstellen?
- Schmeckt mir das?
- Wie viel Zeit habe ich zum frühstücken?
- Spricht mich das Aussehen an?
- Wie viel Geld darf es kosten?
- Wie lange kann ich das aufbewahren?
- Was ist für mich wichtig, um eine Kaufentscheidung zu treffen?
- Wie sind die Arbeitsbedingungen, wo ich einkaufe?
- Wie hygienisch ist das Lebensmittel?
- Wer verdient daran, wenn ich das Brot beim Discounter kaufe?
- Ist der Müll recycelbar?
- Sichere ich mit meinem Einkauf Arbeitsplätze?
- Kommt die Milch aus der Region?
- Wurden die Hühner artgerecht gehalten?
- Wie viel Müll produziere ich durch mein Frühstück?

Aufgaben

1. Welche Fragen sind für dich wichtig? Wähle aus und begründe.
2. Wovon ist es abhängig, welche Fragen bei der Kaufentscheidung im Mittelpunkt stehen? Sammelt Gründe und diskutiert diese. Einigt euch auf 3–4 grundsätzliche Überlegungen.

Nachhaltigkeit: Mir und der Mitwelt zuliebe

Nachhaltigkeit – was ist das?
Der Begriff der Nachhaltigkeit stammt ursprünglich aus der Forstwirtschaft. Wenn ein Baum gefällt wurde, musste ein neuer gepflanzt werden. Dieses Prinzip der Nachhaltigkeit wurde in seiner weltweiten Bedeutung erkannt und weiterentwickelt. Spricht man heute von Nachhaltigkeit, kommen weitere Aspekte hinzu.

Sozialverträglichkeit
Damit sind menschenwürdige Arbeitsbedingungen (keine Kinder- und Sklavenarbeit, gesundheitsverträglich), eine gerechte Entlohnung und die Mitbestimmung der Arbeitnehmer im Betrieb gemeint.

Wirtschaftlichkeit
Dazu zählt die Qualität der Produkte, außerdem die Kosten für Lohn, Energie, Rohstoffe, Geräte, Maschinen, Transport und Entsorgung.

Umweltverträglichkeit
Diese bezieht sich auf die möglichst geringe Belastung von Luft, Boden, Wasser und Mensch sowie auf einen niedrigen Energie- und Rohstoffverbrauch.

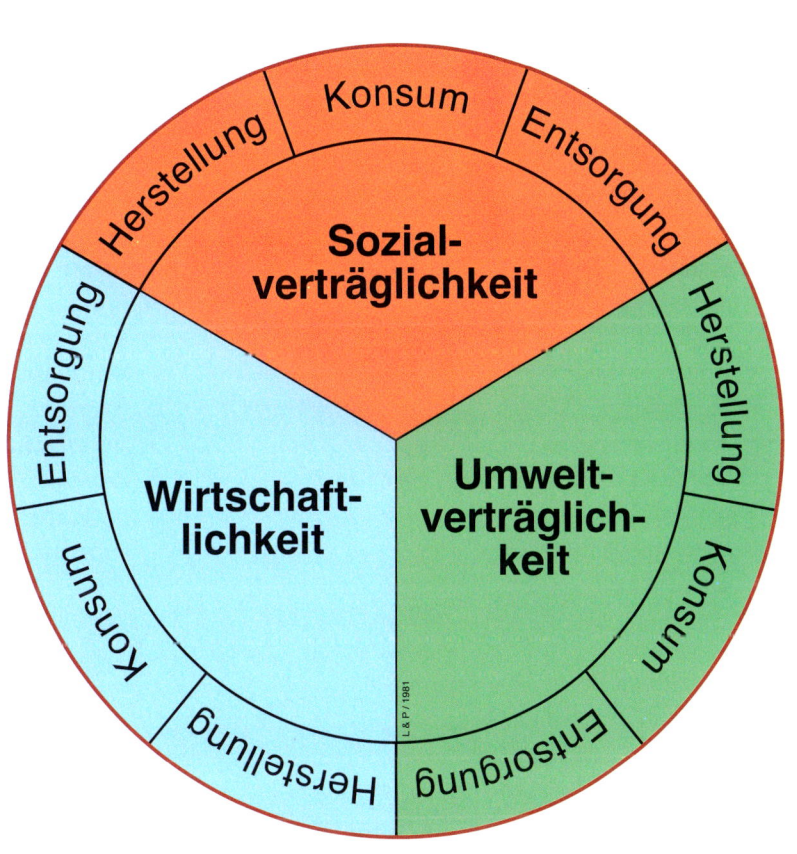

Info
Der Begriff der Nachhaltigkeit wurde auf der UN-Umweltkonferenz von Rio de Janeiro 1992 geprägt. 178 Staaten unterzeichneten die „Agenda 21" – das weltweite Aktionsprogramm für eine dauerhaft umweltgerechte Entwicklung.
Nachhaltige Entwicklung ist wesentlich abhängig von der Politik, der Wirtschaft und den Finanzmärkten und muss deshalb auf internationaler und nationaler Ebene angegangen werden.
Allerdings hat sich auch gezeigt, dass die Verbraucher durch ihre Kaufentscheidungen Einfluss auf die nachhaltige Entwicklung nehmen. So nahm z. B. die Produktion von Bio-Produkten aufgrund der größeren Nachfrage zu.

Aufgaben
1. Formuliere jeweils zwei Fragen, die zu den drei Bereichen der Nachhaltigkeit gestellt werden können.
2. Diskutiert die These „Nachhaltigkeit – mir und der Mitwelt zuliebe".

Nachhaltig konsumieren: Jeder Anfang hat ein Ende

Der Lebenslauf von Produkten

Produktion
- Rohstoffgewinnung
- Anbaumethode
- Tierhaltung
- Arbeitsbedingungen (Zeit, Arbeitsplatzgestaltung, Maschineneinsatz ...)

Herkunft
- Land
- Transportwege
- Transportmittel
- Produzent, Firma

Konsum
- Preis
- Qualität (Aussehen, Geschmack, Hygiene...)
- Verarbeitung
- Angebot
- Haltbarkeit, Lebensdauer

Entsorgung
- Recycling
- Restmüll
- Sondermüll

Der gesamte Ablauf von der Produktion bis zur Entsorgung hat Auswirkungen auf:

Sozialverträglichkeit
- Gesundheit
- Einhaltung der Menschenrechte
- gerechte Entlohnung
- Lebensgestaltung

Umweltverträglichkeit
- Ressourcenverbrauch: Wasser, Energie, Rohstoffe, Land
- Belastung von Wasser, Luft, Erde, Mensch

Wirtschaftlichkeit
- Kosten und Nutzen
- Gewinn und Gewinnverteilung
- Produktion und Nachfrage
- Handelsbeziehungen

Zur Bewertung von Produkten auf ihre Nachhaltigkeit sollte der gesamte Lebenslauf von der Produktion bis zur Entsorgung betrachtet werden. Jede Lebensstufe muss unter den drei Gesichtspunkten der Nachhaltigkeit betrachtet und hinterfragt werden.

Mögliche Fragen zur Bewertung eines Produktes

Produkte auf ihre Nachhaltigkeit hin zu bewerten, ist nicht einfach, da viele Aspekte berücksichtigt werden müssen, die eine Rolle spielen können.

Produktion
- Wie werden die Kühe gehalten?
- Ist die Tierhaltung artgerecht?
- Wie sind die Arbeitsbedingungen?
- Entsprechen die Arbeitsbedingungen dem Arbeitsschutzgesetz?
- Wie viel Milch wird täglich produziert und wie viel Geld erhält der Landwirt dafür?
- Können mit dem Milchpreis die Produktionskosten und ein Gewinn erwirtschaftet werden?

Konsum
- In welchen Verpackungseinheiten wird diese Milch angeboten?
- Entspricht die Menge meinen Verbrauchsmöglichkeiten oder muss ich den Rest wegschütten?
- Welchen Fettgehalt hat die Milch?
- Entspricht der Fettanteil meinen gesundheitlichen Vorstellungen?
- Was kostet die Milch?
- Bekomme ich eine gleichwertige Milch auch billiger?

Herkunft
- Woher kommt die Milch?
- Wie hoch ist der Energieverbrauch für den Transportweg?
- Wer produziert die Milch?
- Wird auf die Gesundheit der Mitarbeiter geachtet?
- Wie lange ist die Milch von der Produktion bis zum Verkauf unterwegs?
- Kann durch ein anderes Transportmittel der Preis reduziert werden?

Entsorgung
- Ist die Milch verpackt?
- Kann diese Verpackung mehrmals verwendet werden?
- Wie wird die Verpackung entsorgt?
- Wie viel Energie (Strom) wird zur Entsorgung benötigt?
- Wie groß ist der Aufwand für die Entsorgung?
- Habe ich die Zeit, die Verpackung zu entsorgen?

Die Fragen machen deutlich, dass vor einer Bewertung zunächst der Ist-Zustand festgestellt werden muss. Welche Fragen zur Nachhaltigkeit ich an ein Produkt stelle, ist von meiner Lebenssituation und von meinen Werten abhängig. In Bewertungen kann es kein „richtig" oder „falsch" geben, weil die persönlichen Bedingungen und die Werte ganz unterschiedlich sind.

Sollen Bewertungen für andere nachvollziehbar sein, legen sie offen, nach welchen Kriterien vorgegangen wurde und welche Fragen zur Nachhaltigkeit im Mittelpunkt standen. Sie zeigen aber auch immer, dass bei jeder Entscheidung Kompromisse in Kauf genommen werden müssen.

Aufgaben

1. Lies die Fragen durch. Welche sind auch für dich wichtig? Schreibe sie auf und begründe.
2. Formuliert gemeinsam Fragen für ein Produkt (z. B. T-Shirt, Apfelsaft).
2. Findet heraus, welche Aspekte der Nachhaltigkeit auch bei euch an der Schule eine Rolle spielen. Dokumentiert und präsentiert, was ihr herausgefunden habt.

Produktionsverfahren unter der Lupe: Gemüse ist nicht gleich Gemüse

114.1 Gurkenanbau im Freiland

Freilandgurken
+ kein Fremdenergieeinsatz
+ keine kostspieligen Einrichtungen
− Gemüse ist der Witterung ausgesetzt. Bei schlechter Witterung gibt es erhebliche Ernteausfälle.
− Wachstum ist klima- und jahreszeitenabhängig

114.2 Gurkenanbau im Folientunnel

Gurken aus dem Folientunnel
+ Sonne als einzige Energiequelle
+ erhöhte Wärmeeinwirkung dank Folienschutz
+ geringere Witterungsabhängigkeit
+ frühere und längere Ernte
− erhebliche Menge an Plastik
− meist kostspielige Einrichtungen
− erhöhte Gefahr von Pflanzenkrankheiten

114.3 Gurkenanbau im beheizten Gewächshaus

Gurken aus dem beheizten Gewächshaus
+ witterungsunabhängige Produktion
+ Angebot auch außerhalb der Saison möglich
+ hoher Ertrag aufgrund regelmäßiger Energiezufuhr
− hoher Energie- und Wasserverbrauch
− kostspielige Einrichtungen

114.4 Gurkenanbau im Gewächshaus mit Substratkultur

Gewächshausgurken mit Substratkultur
+ Pflanze wächst in Steinwolle (ohne Erde)
+ Produktion saisonunabhängig
+ hoher Ertrag, gleichmäßiges Aussehen, da Pflanzen computergesteuert optimal mit Wasser und Nährstofflösung versorgt werden
+ kürzere Wachstumszeit
− kostspielige Einrichtung nötig
− hoher Energieaufwand
− problematische Entsorgung der Steinwolle

Nachhaltigkeit und Verbraucherbewusstsein

Produktionsverfahren unter der Lupe: Eier sind nicht gleich Eier

115.1 Eierproduktion in Bodenhaltung

Eierproduktion in Bodenhaltung
+ Tiere können ihre typischen Verhaltensweisen zum Teil ausleben (artgerechtere Haltung)
+ keine Krankheitsübertragung durch Wildvögel
− erhöhter Produktionsaufwand, erhöhte Produktionskosten
− Stallluftqualität kann negative Auswirkungen auf Eierqualität und Gesundheit der Tierpfleger haben

115.2 Eierproduktion in Freilandhaltung

Eierproduktion in Freilandhaltung
+ Tiere können ihre typischen Verhaltensweisen voll ausleben (artgerechte Haltung)
+ gestärkte Abwehrkräfte gegen Krankheiten
− hoher Produktionsaufwand, erhöhte Produktionskosten
− erhöhte Pflegemaßnahmen zur Verminderung des Erkrankungsrisikos (z. B. Krankheitserreger durch Wildvögel)
− schwankende Eierqualität
− Verluste durch Greifvögel

Info

Eier müssen in der EU mit einem Stempel gekennzeichnet sein. Die erste Ziffer in diesem Stempel gibt an, aus welcher Haltungsform das Ei stammt:
0 = Biohaltung
1 = Freilandhaltung
2 − Bodenhaltung
3 = Käfighaltung

Seit 2010 ist die konventionelle Käfighaltung in Deutschland verboten, da sie nicht artgerecht ist. Trotzdem kommen weiterhin Eier aus Käfighaltung auf den Markt, da nicht alle Eier in Deutschland produziert werden.

Aufgaben

1 Wählt eine Gemüsesorte aus und informiert euch über das Internet oder vor Ort, mit welchen Produktionsformen diese angebaut wird.
2 Holt weitere Informationen ein, die euch helfen, die Nachhaltigkeit der unterschiedlichen Produktionsformen zu bewerten.

Produktionsverfahren unter der Lupe: Bio-Lebensmittel

Info

Lebensmittel, die aus der ökologischen Landwirtschaft stammen, werden als „Bio-Lebensmittel" oder „Öko-Produkte" bezeichnet. Die Begriffe „bio" und „öko" sind durch eine EU-Verordnung gesetzlich definiert und geschützt. Die EU-Öko-Verordnung definiert, welche landwirtschaftlichen Produkte seit 2010 als „Öko"- oder „Bio"-Produkte gekennzeichnet werden können.

116.1 Deutsche Kennzeichnung für biologisch hergestellte Lebensmittel

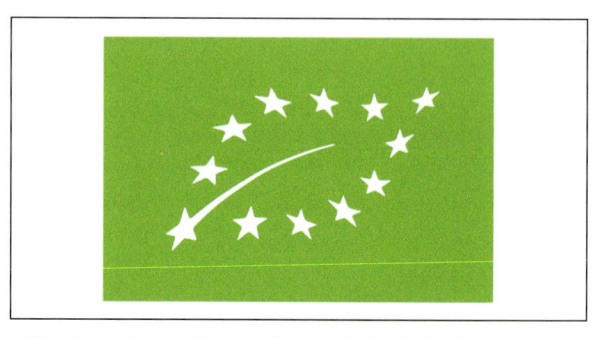

116.2 Europäische Kennzeichnung für biologisch hergestellte Lebensmittel

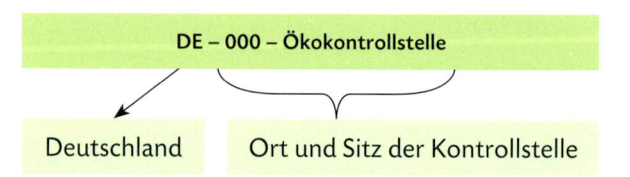

DE – 000 – Ökokontrollstelle

Deutschland — Ort und Sitz der Kontrollstelle

Informationen zur Produktion und Kennzeichnung von Bio-Lebensmitteln

Um ökologisch hergestellte Produkte von konventionell hergestellten unterscheiden zu können, führte Deutschland bereits 2001 das staatlich kontrollierte „Bio-Siegel" ein. Seit 2010 gibt es auch ein europäisches Bio-Siegel.

Diese Siegel erhalten nur landwirtschaftliche Betriebe, deren Produkte nicht gentechnisch verändert wurden und die ohne Einsatz konventioneller Pflanzenschutz- und Schädlingsbekämpfungsmittel, Kunstdünger oder Abwasserschlamm angebaut wurden. Tierische Bio-Produkte stammen von Tieren, die (entsprechend der EU-Verordnung) artgerecht gehalten und in der Regel nicht mit Antibiotika und Wachstumshormonen behandelt wurden. Außerdem dürfen Bio-Produkte nicht ionisierend bestrahlt oder mit Lebensmittelzusatzstoffen versetzt werden.

Die Siegel werden durch regelmäßige Kontrollen überprüft. Die Kontrollnummer auf der Lebensmittelverpackung gibt Auskunft, welche Öko-Kontrollstelle das Lebensmittel überprüft hat.

Die meisten ökologisch produzierenden Landwirte haben sich in Dachverbänden organisiert, welche neben den Öko-Richtlinien der EU weitere strenge Auflagen an die Herstellung der Produkte stellen. Bei Einhaltung dieser Richtlinien werden die Produkte mit einem Verbandssiegel gekennzeichnet.

Aufgaben

1. Lies den Text und halte in Stichworten schriftlich fest, was bei der Produktion von Öko-Lebensmitteln beachtet werden muss.
2. Suche nach weiteren Öko-Kennzeichen auf Lebensmitteln. Finde ihre Bedeutung heraus und dokumentiere das Ergebnis schriftlich.
3. Diskutiert in einer Gruppe die These „Wo ‚öko' draufsteht, ist auch ‚öko' drin".

Nachhaltigkeit und Verbraucherbewusstsein

Bio gut – alles gut?

Bio-Lebensmittel wurden in den letzten Jahren immer häufiger gekauft. Selbst in herkömmlichen Supermärkten und Discountern wird in der Zwischenzeit Bio-Ware angeboten. Aufgrund der Nachfrage der Kunden werden inzwischen häufig auch Bio-Lebensmittel angeboten, die nicht saisonal sind, die einen weiten Transportweg hinter sich haben, aufwendig verpackt sind und nicht immer unter sozialverträglichen Bedingungen produziert wurden.

117.1 Bio-Lebensmittel im Supermarkt

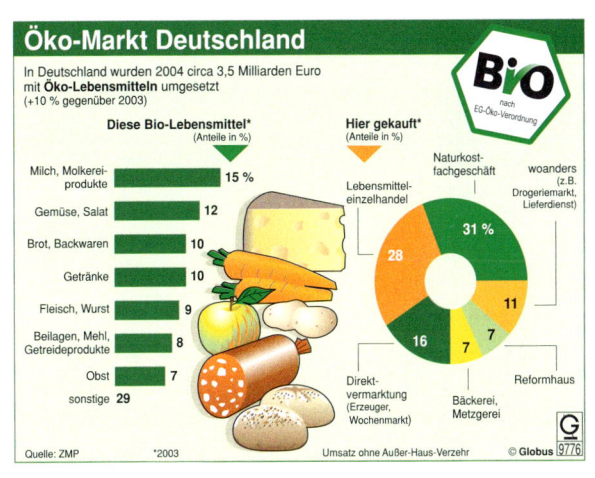

117.2 Umsatzsteigerungen bei Bio-Lebensmitteln

> Du kannst die Welt nicht auf eigene Faust retten, aber du kannst deine Entscheidungen und die von anderen immer wieder hinterfragen!

Frau Heck (56 Jahre):
Ich achte auf Siegel, bei denen neben der Umweltverträglichkeit auch die Sozialverträglichkeit geprüft ist. Tee oder Kaffee, der von Kindern gepflückt wurde, kann ich nicht genießen.

Frau Liebig (34 Jahre):
Seit es Bio-Produkte auch bei Aldi, Lidl und Norma gibt, kaufe auch ich öko ein. Der Preisunterschied ist nicht so groß und meine Gesundheit ist mir wichtig. Wo die Produkte herkommen, interessiert mich eigentlich nicht.

Herr Simsek (43 Jahre):
Bio-Produkte kaufe ich immer ein. Ich weiß, dass ich dafür etwas mehr Geld ausgeben muss. Diesen Sommer habe ich Bio-Kartoffeln und Bio-Möhren aus Israel gesehen. Da frage ich mich schon, ob das noch bio ist.

Frau Birzele (64 Jahre):
Bio-Produkte kaufe ich nur im zertifizierten Bio-Hofladen, der alles selbst produziert oder von Herstellern aus der direkten Umgebung bezieht. Also sind alle Waren saisonal und regional. Mir schmecken sie auch besser.

Aufgaben

1. Betrachte die Statistik und lies die Aussagen der Personen. Finde Gründe, weshalb immer mehr Bio-Lebensmittel gekauft werden.
2. Befrage verschiedene Personen, weshalb sie Bio-Lebensmittel kaufen bzw. diese ablehnen.

Produktionsformen unter der Lupe: Fleisch ist Leben

Essen damals und heute
Jährlicher Pro-Kopf-Verbrauch ausgewählter Lebensmittel

- 1900
- 2008

- Milch, Butter, Käse: 355 kg / 271 kg
- Kartoffeln: 139 kg / 61 kg
- Brot: 85 kg / 47 kg
- Fleisch: 89 kg / 6 kg
- Fisch: 16 kg
- Eier: 212 Stück / 90 Stück

- Milchleistung/Kuh jährlich in kg: 2 165 / 6 827
- Eier-Legeleistung/Henne jährlich in Stück: 120 / 299
- Rinder-Schlachtgewicht in kg: 248 / 337

Anteil der Nahrungsmittelausgaben am privaten Verbrauch in %: 57 % (1950) / 15 %

Quelle: Stat. Bundesamt, AMI

Weniger arbeiten fürs Brot
So viele Minuten mussten Arbeitnehmer arbeiten für

Artikel	1950	2008
1 Kleiderschrank	8 819	2 255
1 Herrenanzug	6 518	1 038
1 kg Kabeljau	78	68
1 kg Schweinekotelett	234	31
500 g Bohnenkaffee	1 582	20
1 kg Mischbrot	27	11
10 Eier	121	8
1 Liter Vollmilch	19	4

Minuten. Quelle: Stat. Bundesamt, iw

Gründe für den hohen Fleischkonsum

- niedrige Preise
- schmeckt gut
- Fleisch wird subventioniert
- Fast-Food-Angebote aus Fleisch sind vielfältig
- viele gute Rezepte
- lässt sich gut einfrieren
- Fleisch kann in Massen produziert werden
- bei der Fleischproduktion und -verarbeitung entstehen niedrige Lohnkosten
- breites Angebot an Wurstwaren
- wird schon immer gegessen
- gute Werbung

Der Fleischkonsum hat Auswirkungen

Immer mehr Tiere (Hühner, Schweine, Rinder) werden in Massentierhaltung aufgezogen und gemästet:
- artgerechte Haltung eingeschränkt möglich,
- Großproduktion aufgrund hoher Investitionen für Anlagen notwendig,
- Export von Produktionsüberschüssen in arme Länder,
- hoher Wasserverbrauch,
- hoher Hygienestandard,
- Kauf von Futtermittel, z. B. Soja aus Brasilien,
- Einsatz von Medikamenten und Antibiotika erlaubt,
- hoher Maschineneinsatz, geringer Personaleinsatz,
- bei Rindermast: hohe Klimabelastung durch Methangase aus dem Verdauungstrakt.

118.3 Massentierhaltung von Rindern

Nachhaltigkeit und Verbraucherbewusstsein

Kostengünstiges und im Freiland produziertes Fleisch erhält man vor allem aus Ländern von außerhalb der EU.
- Massenaufzucht im Freiland auf großen Weideflächen möglich,
- Rodung von (Ur-) Wäldern für Futter und Weideflächen,
- Reduktion der Artenvielfalt durch Monokulturen,
- Zerstörung ursprünglicher Lebensräume,
- geringer Einsatz von Medikamenten,
- bei Rinderhaltung: hohe Klimabelastung durch Methangase aus dem Verdauungstrakt,
- lange Transportwege mit Schiff, Flugzeug, Lkw

119.1 Fleischproduktion in Südamerika

Die weitreichenden Folgen übermäßigen Fleischkonsums

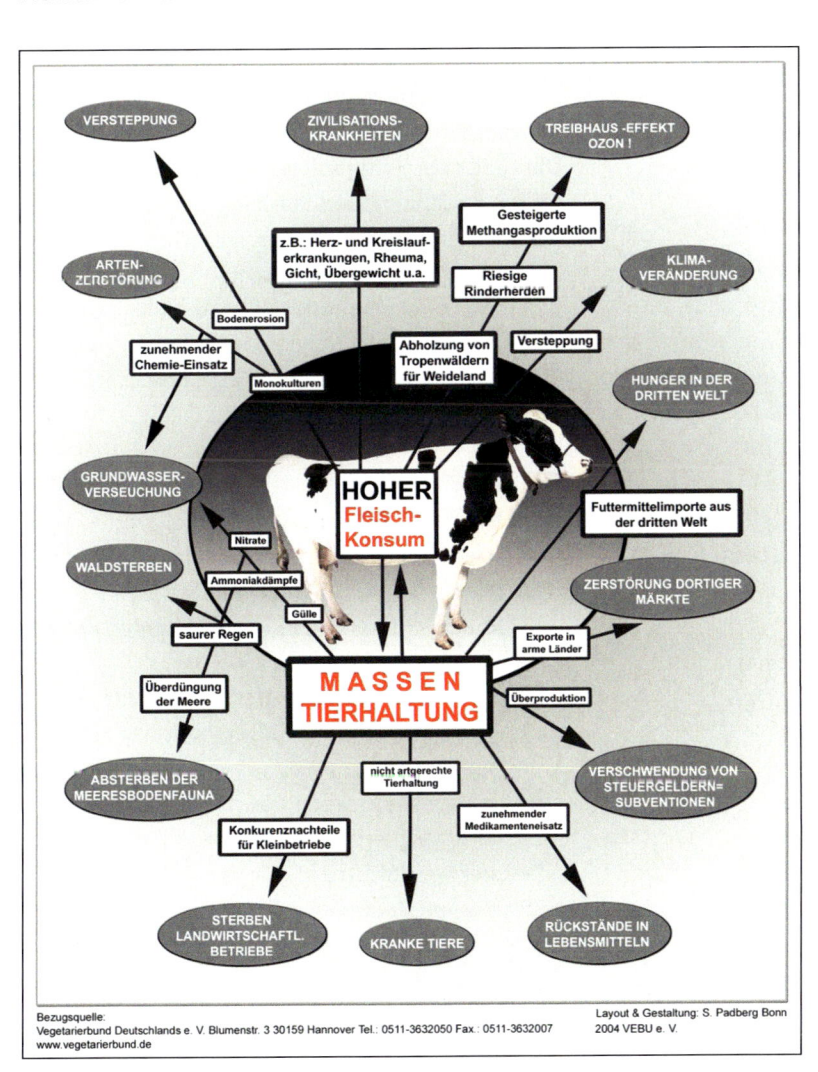

Aufgaben

1 Betrachte die Grafik und lies die Gründe für den Fleischkonsum. Was hat dies mit dir zu tun? Sprecht über Gemeinsamkeiten und Unterschiede.

2 Lest die Informationen über die Auswirkungen des Fleischkonsums und überlegt, wie ihr euch weiter informieren wollt:
- Betriebserkundung (z. B. Metzgerei)
- Internetrecherche
- Filme und Dokumentationen
- Experten im Unterricht

3 Überlegt euch Möglichkeiten, wie ihr andere Schülerinnen und Schüler zu einem nachhaltigen Fleischkonsum anregen könnt.

Produktionsformen unter der Lupe: Fair produzierte und gehandelte Waren

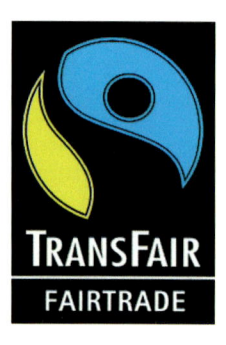

120.1 Kennzeichen für fair gehandelte Produkte

Was ist fair am fairen Handel?

- Der garantierte Mindestpreis deckt die Produktionskosten und Löhne der Erzeuger. Er liegt deutlich über dem Weltmarktniveau.
- Erlöse aus dem Verkauf kommen den Erzeugern zu Gute, indem z. B. Schulen oder Trinkwasserbrunnen gebaut werden.
- Die Arbeitenden haben das Recht, sich zu organisieren und das Recht auf Mitbestimmung.
- Die Erzeuger in den Ländern werden weitergebildet, um den Anbau und den Verkauf zu verbessern.
- Neue Projekte der Erzeuger können durch eine Vorfinanzierung unterstützt werden.
- Es wird darauf geachtet, dass das Arbeitsumfeld sozial- und gesundheitsverträglich ist.
- Die Ausbeutung durch Kinder- und Sklavenarbeit ist verboten.
- Die Gleichberechtigung von Frauen wird durch gleiche Bezahlung und Stärkung ihrer Position innerhalb der Gemeinschaften gestärkt.
- Für einen fairen Handel ist eine transparente Geschäftsführung aller Beteiligten grundlegend.
- Eine ökologische Landwirtschaft ist nicht zwingend vorgeschrieben, wird jedoch gefördert.

Info

Was ist Fairtrade?
Fairtrade ist eine Organisation, die sich die Armutsbekämpfung zum Ziel gesetzt hat. Durch gerechtere Handelsbeziehungen soll die Situation der benachteiligten Produzenten in Afrika, Asien und Südamerika verbessert werden. Außerdem soll die Produktion in diesen Ländern unter den Gesichtspunkten der Nachhaltigkeit gefördert werden. Langfristig sollen ungerechte Weltwirtschaftsstrukturen abgebaut werden. Fair produziert und gehandelte Produkte werden mit dem Fairtrade-Siegel ausgezeichnet.

Kauf von Fairtrade-Produkten

Die Auswahl von fair gehandelten Produkten wird immer größer:

Lebensmittel · Spielzeug · Reisen · Sportartikel · Textilien

Fair gehandelte Produkte gibt es:
- im Supermarkt,
- im Versand- und Naturkosthandel,
- in Weltläden.

Fair gehandelte Waren sind in der Regel teurer. Bei der Verpackung wird darauf geachtet, dass sie umweltverträglich.

Aufgaben

1. Lies die Informationen zum Fairtrade-Handel durch. Warum werden die Produkte als „fair" bezeichnet? Sammle Begründungen und schreibe sie auf.
2. Erkundige dich vor Ort, welche Waren mit dem Fairtrade-Siegel gekennzeichnet sind.
3. Wähle ein Produkt aus (z. B. Schokolade) und vergleiche das Fairtrade-Produkt mit vergleichbaren Angeboten (Preis/Menge, Aussehen/Geschmack/usw.)
4. Führt eine Pro-Kontra-Diskussion zu der Aussage „Ein guter Mensch kauft Fairtrade" durch.

Nachhaltigkeit und Verbraucherbewusstsein

Herkunft unter der Lupe: Leitungs- oder Mineralwasser?

Wasser im Angebot

121.1 Wasser aus der Leitung

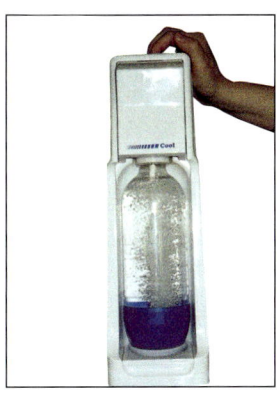

121.2 Mineralwasser aus dem Wasserbereiter

121.3 Mineralwasser aus der Region

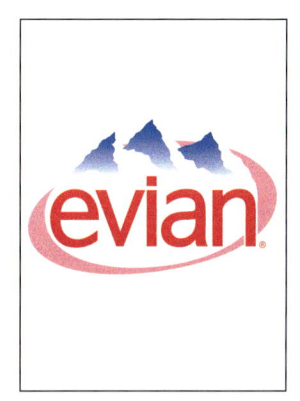

121.4 Mineralwasser aus anderen Ländern

Qualität

- Leitungswasser ist in Deutschland genauso gesund wie abgefülltes Wasser.
- Die Qualität von Leitungswasser und Mineralwasser zur Abfüllung wird streng überwacht.
- Leitungs- und Mineralwasser können ganz unterschiedlich schmecken und riechen.
- Es wird diskutiert, ob Plastikflaschen gesundheitsschädliche Stoffe abgeben.
- Abgefülltes Wasser unterliegt der Kennzeichnungspflicht.

Herkunft und Transport

- Leitungswasser ist umweltfreundlicher als Mineralwasser in Flaschen, da keine Transportwege anfallen.
- Mineralwasser aus Wasserbereitern ist umweltfreundlicher als gekaufte Flaschenware, da keine Transportwege anfallen.
- Regional abgefülltes Mineralwasser ist umweltfreundlicher als Mineralwasser aus anderen Regionen, da der Transport die Umwelt weniger belastet.
- Mineralwasser aus anderen Ländern muss über weite Strecken transportiert werden und belastet die Umwelt.
- Gekauftes Mineralwasser muss vom Verbraucher nach Hause transportiert werden.
- Plastikflaschen sind leichter als Glasflaschen.
- Die Ökobilanz abgefüllter Mineralwasser ist von der Wahl der Transportmittel abhängig.

Preis

- Leitungswasser ist billiger als gekauftes Mineralwasser.
- Bei Mineralwasser aus Wasserbereitern rechnet sich der Preis erst nach ca. 2 Jahren, wenn das Gerät regelmäßig benutzt wird.
- Markenmineralwasser ist in der Regel im Preis höher als Eigenmarken der Supermärkte und Discounter.
- Größere Flaschen sind billiger als kleine.

Überlegungen zur Auswahl

Lagerung

- Für abgefülltes Wasser wird Lagerfläche benötigt:
  – beim Abfüller
  – im Handel
  – im Haushalt.
- Mineralwasser hat eine begrenzte Lagerzeit.

Aufgabe

Vergleiche verschiedene Wasser und Mineralwasser. Lege dazu eine Tabelle an.

Entsorgung unter der Lupe: Verbrennen, verwerten, vermeiden?

Alles was hergestellt und konsumiert wird, wird irgendwann zu Abfall: von der Bäckertüte über Bekleidung bis hin zum ganzen Haus. Es ist alles nur eine Frage der Zeit.

Was nicht mehr genutzt und weggeworfen wird, verschwindet nicht einfach. Ein Plastikbeutel aus schwer verrottbarem Material ist z. B. durchschnittlich 20 Minuten im Gebrauch, braucht aber etwa 400 Jahre, bis er in der Natur verrottet.

Die Vielfalt der Abfälle macht es notwendig, sie unterschiedlichen Entsorgungsstätten zuzuführen, damit sie sachgerecht und umweltverträglich verarbeitet werden. Durch die Herstellung und den Konsum entstehen große Abfallmengen, die entsorgt werden müssen.

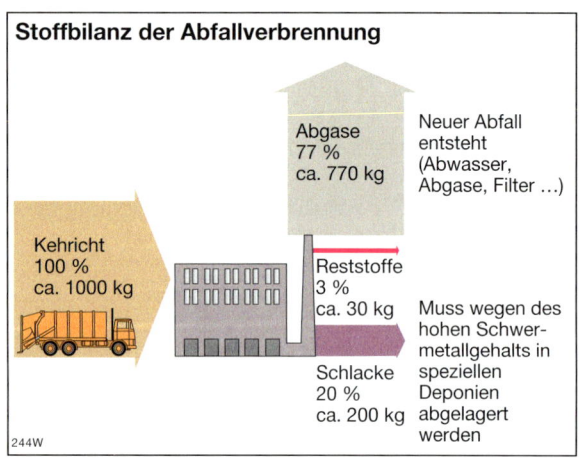

Die Abfallmenge hat sich in den letzten Jahrzehnten enorm gesteigert. Ein Großteil des Mülls, der produziert wird, besteht aus Rohstoffen, die nicht nachwachsen. Oder aus Materialien, die schwer oder gar nicht wieder verwendet werden können und zum Teil in Endlagern über lange Zeiträume gelagert werden müssen. Allerdings hat die Müllvermeidung bei der Herstellung von Waren und bei den Verbrauchern an Bedeutung gewonnen. Es gibt z. B. Unternehmen, deren Produktion mit einem Umweltsiegel zertifiziert wurde. Auch Konsumenten haben ihr Verhalten verändert und kaufen z. B. mit dem Einkaufskorb ein.

Es gibt vielfältige Gründe, weshalb Müll ein Problem ist. Ein wichtiger Grund ist das Konsumverhalten jedes Einzelnen.

Abfallverbrennung

Restmüll der Haushalte und Gewerbemüll wird in den Müllverbrennungsanlagen verbrannt. Neben den dadurch entstehenden Abfallprodukten (siehe Grafik) wird 80 % des Energiegehalts im Abfall als elektrische Energie bzw. Wärmeenergie genutzt.

Bei der Verbrennung findet eine Umwandlung der Stoffe statt, es entstehen Energie, Abgase und Asche. Nicht nachwachsende Rohstoffe sind damit unumgänglich verloren. Die Ökobilanz dieser Entsorgungsart ist sehr umstritten. Außerdem benötigen große Anlagen hohe Müllmengen um wirtschaftlich zu arbeiten.

Kompostierung von Abfällen

Grüngut, Bioabfälle des Haushalts und von Unternehmen werden in unterschiedlichen Kompostierungsanlagen zu Strom, Erde, Biodiesel und Dünger verarbeitet.

Die Ökobilanz der Kompostierung ist grundsätzlich positiv. Wird Ackerland in ertragreiche Grünflächen umgewandelt, um daraus Biodiesel oder Strom zu gewinnen, ist die Kompostierung aber umstritten. Auf dem einstigen Ackerland werden keine Nahrungsmittel mehr angebaut. Wertvolle Anbauflächen gehen damit verloren. Strom bzw. Diesel können auch anders gewonnen werden.

Stoffbilanz der Abfallverbrennung

Kehricht 100 % ca. 1000 kg → Abgase 77 % ca. 770 kg → Neuer Abfall entsteht (Abwasser, Abgase, Filter …); Reststoffe 3 % ca. 30 kg → Muss wegen des hohen Schwermetallgehalts in speziellen Deponien abgelagert werden; Schlacke 20 % ca. 200 kg

122.1 Abfallverbrennung

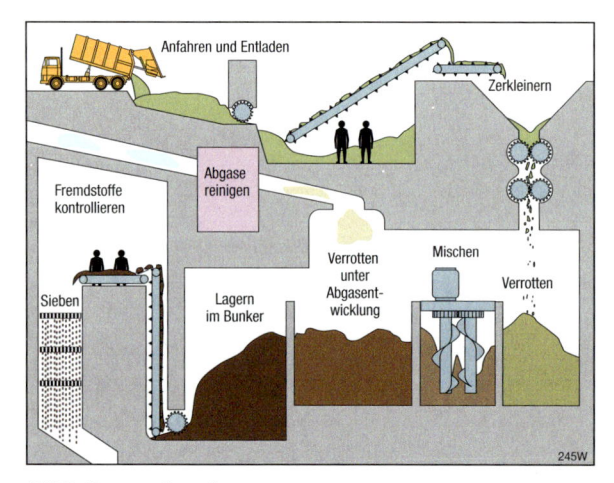

122.2 Kompostieranlage

Nachhaltigkeit und Verbraucherbewusstsein

Recycling

Neben Papier können Produkte aus Glas, Kunststoffen, Aluminium, Weißblech ... einer weiteren Verwendung zugeführt werden.

Recycling bedeutet, dass für die Herstellung von Produkten bereits verwendete Rohstoffe nicht endgültig entsorgt, sondern wiederverwertet werden. Dabei werden zwei Formen unterschieden:

- **Wiederverwendung:**
  Verpackungen werden mehrmals verwendet, z. B.
  - Akkubatterien,
  - Nachfüllbehälter,
  - Mehrwegflaschen.
- **Weiterverwertung**:
  Die Rohstoffe werden zurückgewonnen und als Ausgangsmaterial für neue Produkte verwendet, z. B. PET-Flaschen werden zu Fleece-Jacken, aus Altpapier werden andere Papierprodukte, aus Dosen wird Alufolie ...

Immer mehr Firmen geben beim Kauf eines Produktes eine Garantie, dass sie es nach Ablauf der Nutzung zurücknehmen und einer Weiterverwertung zuführen (z. B. Bürostühle, Teppichböden, Elektrogeräte ...).

Die Ökobilanz beim Recycling ist dann positiv, wenn neue Rohstoffe und Energie gespart werden, und die Umweltbelastung (Abgase, Wasser ...) niedrig ist.

Andere Formen der Weiterverwendung

Aus der Idee, Abfall zu vermeiden bzw. ihn weiterzuverwerten, sind viele Formen entstanden, wie Dinge an andere Menschen zur Nutzung weitergegeben werden können.

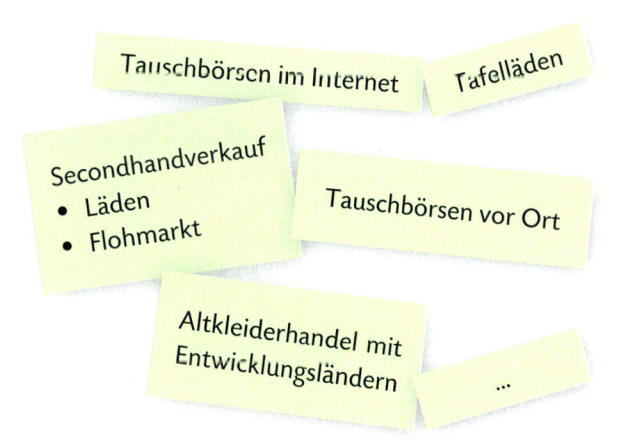

- Tauschbörsen im Internet
- Tafelläden
- Secondhandverkauf
  - Läden
  - Flohmarkt
- Tauschbörsen vor Ort
- Altkleiderhandel mit Entwicklungsländern
- ...

Doch nicht nur die Umweltverträglichkeit spielt hier eine Rolle, sondern auch das Anliegen, dass andere Menschen die Dinge, die man selbst nicht mehr benötigt, brauchen können. Problematisch werden diese Formen der Weiterverwendung dann, wenn in Entwicklungsländern wirtschaftliche und kulturelle Strukturen zerstört werden.

Altpapier und gebrauchte Kartonagen → Pressen → **Papierballen** → Zerkleinern → **A Zerfasern** → Faserbrei → **B Abscheiden von Fremdstoffen** → **C Verarbeitung** → **Papier-/Kartonmaschine** → Zeitungen, Kartonagen, Briefumschläge, Rohpapierrollen, usw.

123.1 Recycling-Papier

Aufgaben

1. Wählt eine Entsorgungsart aus, die ihr erkunden könnt oder befragt einen Experten der Abfallwirtschaft.
2. Informiert euch über Berufe der Abfallwirtschaft und Entsorgung.
3. Sammelt Ideen, wie ihr Abfall vermeiden oder weiterverwenden könnt.

Konsumieren unter der Lupe: Fragen für alltägliche Kaufentscheidungen

Wer seinen Konsum Schritt für Schritt auf Nachhaltigkeit umstellen will, braucht grundlegende Kriterien, um Konsumentscheidungen zu treffen. Nicht bei jeder Anschaffung stehen dieselben Fragen im Vordergrund. Den Einstieg können alle schaffen. Er beginnt bereits damit, dass außer Geld, Geschmack und Zeit eine Frage aus den Überlegungen zur Nachhaltigkeit die Kaufentscheidung mit beeinflusst.

Ich treffe eine nachhaltige Kaufentscheidung und überlege:

vor dem Kauf:
- Brauche ich das Produkt wirklich?
- Muss ich es selbst besitzen oder kann ich es leihen?
- Muss es neu sein oder kann es auch gebraucht sein?

bei der Wahl des Produktes:
- Wie lange hält das Produkt?
- Lässt sich das Produkt reparieren?
- Wurde das Produkt umweltschonend hergestellt?
- Wo kann und will ich das Produkt kaufen?
- Wo wurde der Artikel produziert? Wie weit musste er transportiert werden?
- Wie schätze ich die Arbeitsbedingungen bei der Produktion und beim Verkauf ein?
- Welcher Energie- und Wasserverbrauch entsteht bei der Nutzung?
- Sind die Verpackungsmaterialien recycelbar und ökologisch unbedenklich?
- Welche Umweltbelastung verursacht das Produkt bei seiner Entsorgung?

Nachhaltig konsumieren – so oder anders?
- Ich trinke viel Orangensaft.
- Unser Tiefkühlgerät ist voll mit vielen leckeren gekauften Fertigprodukten.
- Ich kaufe vieles über das Internet ein.
- Ich brauche immer das neueste Handy.
- Ich verwende Shampoo, das nachgefüllt werden kann.
- Ich verwende Akkus anstatt Batterien.
- Beim Einkaufen lese ich die Produktbeschreibungen.
- Ich esse täglich Fleisch.
- Gelesene Comics und Zeitschriften verschenke ich.
- Ich kaufe alles beim Discounter ein.
- Ich nehme zum Einkaufen eine Tasche mit.
- Ich kaufe immer dasselbe ein, ohne groß zu überlegen. Das spart Zeit.
- Ich achte auf Öko-Siegel.
- Ich kaufe regionale Produkte auf dem Wochenmarkt.
- Es ist mir wichtig, dass alles hygienisch verpackt ist.

Aufgaben

1. Schätze die Alltagshandlungen in Bezug auf Nachhaltigkeit ein. Schreibe auf.
2. Welche Alltagshandlungen sind bei dir bereits nachhaltig? Schreibe sie auf Karten.
3. Diskutiert die Ergebnisse in der Klasse.
4. Schreibe auf einen Merkzettel eine nachhaltige Alltagshandlung, die du neu im Alltag umsetzen willst.

Nachhaltigkeit und Verbraucherbewusstsein

M Methode: Testberichte als Einkaufshilfe nutzen

1. Das ist mir für diesen Kauf wichtig:
Die Aussagen in Testberichten sind vielfältig. Eigene Kriterien an ein Produkt festzulegen erleichtert das Lesen von Testberichten. Dann hat nicht alles Bedeutung, worüber ein Testbericht informiert.

Ich kaufe Vanilleeis ein! Es soll preiswert sein, natürlich und sahnig schmecken. Die Verpackung muss recycelbar sein.

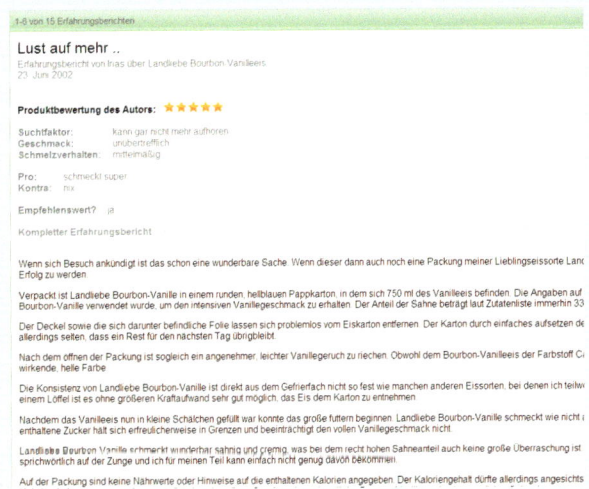

125.2 Eiskrem-Test in einem Internetforum

2. Testberichte finden und bewerten
- Internetrecherche:
  in einer Suchmaschine das Produkt eingeben, z. B. „Test Vanilleeis"
- Ergebnisse der Internetrecherche lesen
  ggf. Hinweise auf aktuelle Testberichte aus Zeitschriften dokumentieren
- überprüfen, ob die gefundenen Informationen den eigenen Anforderungen genügen
- Zeitschriftenrecherche:
  aktuelle Testberichte der „Stiftung Warentest" und der Zeitschrift „Ökotest" besorgen (Zeitschriftenhandel, Bibliotheken, Verbraucherberatungsstellen)

3. Informationen aus Testberichten entnehmen
- Testberichte lesen
- überprüfen, ob die eigenen Kaufüberlegungen in den Testberichten getestet wurden
- überlegen, ob unterschiedliche Testergebnisse für dasselbe Produkt die eigene Kaufentscheidung beeinflussen
- die Produkte, die die eigenen Kaufüberlegungen am besten treffen, schriftlich festhalten

4. Markt erkunden
- das Angebot am Markt für die „Sieger"-Produkte erkunden

Info
Das Angebot an Produktbewertungen im Internet ist sehr groß. Produzenten, Interessenverbände, aber auch Verbraucher geben über verschiedene Plattformen ihre Meinung zu Produkten ab. Es muss genau geprüft werden, ob sich Interessen hinter der Bewertung verbergen und ob die eigenen Anforderungen überhaupt berücksichtigt werden.

125.1 Ausschnitt eines Eiskrem-Testberichts der „Stiftung Warentest"

Methode: Schülerinnen und Schüler testen Produkte

So könnt ihr vorgehen:

1. Ein Produkt für den Test auswählen
- Ideen sammeln
- Produkt auswählen
  - Zeit,
  - Angebot,
  - Geldaufwand,
  - eigene Interessen

2. Fragestellung und Zielsetzung festlegen
- festlegen, was herausgefunden werden soll
- festlegen, wofür die Ergebnisse wichtig sind

3. Informationen zum Produkt einholen
- allgemeine Informationen zum Produkt recherchieren

4. Produkte bestimmen, mit denen der Test durchgeführt werden soll,
- Markterkundung durchführen
- Auswahl der Testprodukte
  - häufig angebotene Marken auswählen
  - Auswahl nach bestimmten Schwerpunkten (z. B. Bio)
  - willkürliche Auswahl
- Produkte einkaufen

5. Beurteilungskatalog entwickeln
- Entwickeln eines Beurteilungskatalogs
  - Beurteilungskriterien (Geschmack, Verpackung ...)
  - Beurteilungsmaßstäbe (sehr gut, gut, befriedigend ...)
- Beurteilungskatalog entwerfen, diskutieren, dokumentieren und vervielfältigen

Beispiel Schokolade:

- essen alle gern
- gibt es in vielen Sorten
- günstig
- testen könnte Spaß machen
- kann fast überall eingekauft werden

- Wie wird Schokolade hergestellt?
- Woher kommen die Rohprodukte?
- Welche Geschmacksunterschiede gibt es?
- Sind die Verpackungen umweltgerecht?

Unser Ziel: Wir machen einen Info-Stand auf dem Schulhof.

Kriterium	☹	😐	☺	Bemerkung
Geschmack				
Verpackung				

126.1 Ausgewählte Schokoladen zum Test

Nachhaltigkeit und Verbraucherbewusstsein

6. Testmethoden festlegen
- Überprüfungsmethoden zur Bewertung der im Beurteilungskatalog festgelegten Kriterien finden und auswählen
  - praktische Prüfungen
  - eventuelle Entwicklung spezieller Testverfahren
  - sensorische Prüfung
  - chemische oder biologische Untersuchungen
  - Vergleich von Gebrauchsanweisungen und Produktinformationen
  - Einsatz von Testpersonen

7. Durchführen der Tests
- Ablauf organisieren
- Material bereitstellen
- Prüfungen durchführen
- Ergebnisse dokumentieren
- Einzelergebnisse der Prüfungen bewerten

8. Gesamtergebnis dokumentieren und auswerten
- Darstellen der Einzelergebnisse
- Fehlerquellen und Einschränkungen diskutieren
- Zusammenfassen der Einzelergebnisse zu einer Gesamtbewertung
- Verbesserungsvorschläge für künftige Tests machen

9. Präsentation und Veröffentlichung des Testergebnisses
- Die Form, wie die Ergebnisse veröffentlicht werden, hängt von der zu Beginn festgelegten Zielsetzung ab. Diese kann sich allerdings auch im Verlauf des Produkttests ändern.
  - Ausstellung / Infostand
  - Zeitungsartikel
  - Flyer mit Verbrauchertipps
  - Teilnahme am Wettbewerb „Schüler testen"
  - ...

10. Reflexion des Produkttests
- Zusammenarbeit in der Gruppe
- Zielsetzung und Ergebnis
- Organisation und Ablauf
- Beurteilungskriterien und Ergebnis
- Dokumentation und Präsentation
- ...

Geschmack:
- Schokoladenstücke auf gleiche Teller legen
- auf der Tellerunterseite festhalten, um welches Produkt es sich handelt
- Augenbinde anlegen
- Schokolade riechen und danach langsam im Mund zergehen lassen
- Bewertung dokumentieren

127.1 Schokolade testen

Bewertungsbogen: Teller _____
Geschmack:
Geruch:
...
...

127.2 Schüler informieren über Schokolade

Nachhaltig konsumieren: Geräte unter der Lupe

Die privaten Haushalte verbrauchen in Deutschland durchschnittlich 28 % der erzeugten Energie und 79 % des Wassers. Wasser, aber vor allem Energie, wird durch den Einsatz von verschiedenen Geräten im Haushalt verbraucht.

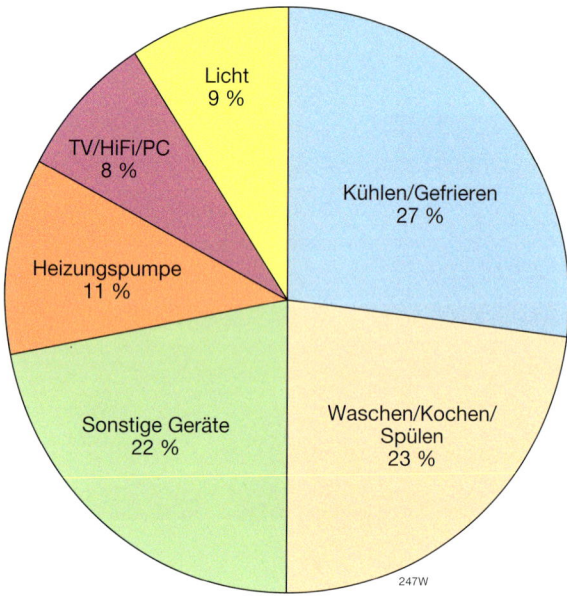

128.1 Verteilung des Energieverbrauchs im privaten Haushalt

Soll der Verbrauch reduziert werden, müssen neben den alltäglichen Verhaltensweisen der einzelnen Personen die Geräte im Haushalt in den Blick genommen werden. Viele technische Neuerungen sind in den letzten Jahren unter dem Aspekt der Nachhaltigkeit entwickelt worden. Zusätzlich wurde der Verbraucherschutz weiterentwickelt, um den Verbraucherinnen und Verbrauchern Orientierungshilfen bei Kauf, Gebrauch und Entsorgung von Geräten zu bieten.

Auf Geräte kann und mag niemand verzichten. Wichtig ist, dass Verbraucherinnen und Verbraucher bei der Anschaffung, bei der Nutzung und bei der Entsorgung auf ein nachhaltiges Handeln achten.

Durch den Einsatz effizienter Geräte und die Umsetzung einfacher Verhaltensmaßnahmen kann Strom und Wasser und letztlich auch Geld gespart werden. Mit effizienten Geräten und einfachen Tipps können über 300 € Stromkosten im Jahr gespart werden.

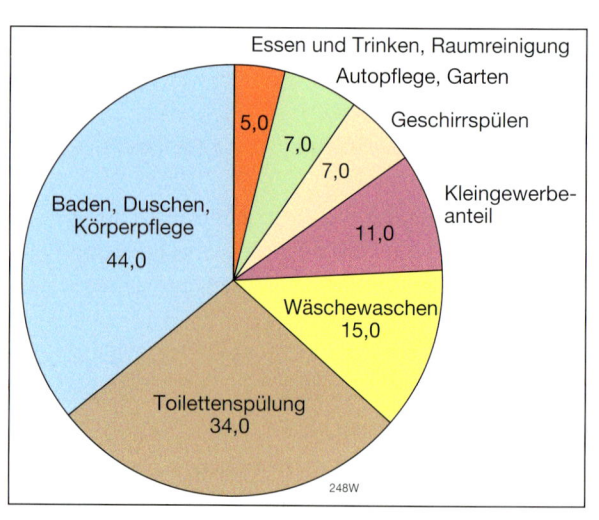

128.2 Verteilung des Wasserverbrauchs in privaten Haushalt

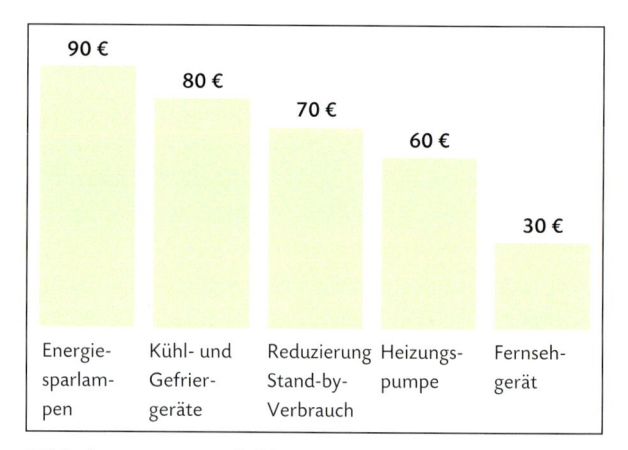

128.3 Strom sparen = Geld sparen

Aufgaben

1. Fragt nach, wofür ihr zu Hause Wasser und Energie verbraucht.
2. Schätze die prozentuale Verteilung des Wasser- und Energieverbrauchs ein und stelle sie für deinen Haushalt in einem Kreisdiagramm dar.
3. Welche wasser- und energiesparenden Neuerungen im Haushalt kennt ihr? Tauscht euch aus.
4. Wie wird bei euch zu Hause Wasser und Energie gespart?

Anschaffung eines Haushaltsgerätes

Nachhaltig produzierte Geräte wählen

Unter welchen Bedingungen ein Produkt hergestellt wurde, sieht man ihm nicht an. Hinweise können die Angabe des Herstellungslandes und die Produktkennzeichen geben.

Die Herstellung in sogenannten Billiglohnländern, wo viele Waren aus der Elektronikindustrie gefertigt werden, entspricht häufig nicht den Anforderungen der Nachhaltigkeit.

Mit welchen Materialien das Produkt hergestellt wurde, kann man z. T. sehen bzw. den Produktinformationen entnehmen. Die verwendeten Materialien sind für die Nachhaltigkeitsbewertung wichtig (z. B. Wiederverwertung der Materialien).

Energie- und wassersparende Geräte wählen

Das **EU-Energielabel** teilt Geräte in sieben Energieeffizienzklassen ein. Von A (sehr sparsam) bis G (extrem hoher Verbrauch) ein. Bei Kühl- und Gefriergeräten ist die Effizienzklasse A++ die beste. Auf guten Effizienzlabeln werden freiwillig auch Angaben zum Wasserverbrauch und über die Höhe der verursachten Geräusche gemacht.

Sonstige wichtige Überlegungen:
- bei manchen Haushaltsgeräten lohnt es sich, auf die passende Größe zu achten (z. B. Waschmaschine, Spülmaschine),
- das Gerät sollte einfach zu bedienen sein,
- Pflege und Reinigung des Gerätes sollten unaufwendig selbst durchzuführen sein,
- die Garantie- und Serviceleistungen müssen schriftlich eingefordert werden,
- gesundheitliche Auswirkungen des Produkts (z. B. Strahlenbelastung),
- Anschaffungs- und Unterhaltskosten.

Kennzeichen zur Orientierung

Der **blaue Engel** steht seit vielen Jahren für viele Produkte im Haushalt, die sich durch die Einhaltung von ökologischen Kriterien auszeichnen. Er ist z. B. auf Ladegeräten, Batterien und Handys zu finden. Weitere Informationen: www.blauer-engel.de

Der **Energystar** kennzeichnet energiesparende Bürogeräte wie Computer, Drucker, Faxgeräte, Kopierer usw. Weitere Informationen: www.eu.energystar.org/de

Das **TCO-Zeichen** erhalten Geräte bei niedrigem Stromverbrauch, Umweltverträglichkeit, gesundheitsförderlichem Design und bei hoher Wiederverwertbarkeit der Einzelteile. Weitere Informationen: www.tocdevelopment.com

Die Energieeffizienz der angebotenen Produkte muss verglichen werden. Für Kühl- und Gefriergeräte, Waschmaschinen und Wäschetrockner, Geschirrspülmaschinen, Elektrobacköfen, Raumklimagerate und Lampen gibt es das EU-Energielabel.

Weitere Informationen zum Energie- und Wasserverbrauch von Geräten kann man durch Testberichte oder durch die Angaben in den Produktbeschreibungen, bei Verbraucherzentralen und durch die Verkaufsexpertinnen und -experten in Erfahrung bringen. Informationen findet man auch im Internet.

Einsatz von Haushaltsgeräten

Info

Wusstet ihr schon ...
- dass durch den Leerlauf von DVD-Geräten, Druckern, Telefonanlagen, Computern, Kaffeemaschinen etc., die im Stand-by-Modus immer noch Strom verbrauchen, in ganz Deutschland ungeheuer viele Kilowattstunden an Strom verschwendet werden? Die Stromverschwendung entspricht der Jahresleistung von drei Kernkraftwerken.
- dass Haushalte bis zu 76 % Strom einsparen könnten, wenn sie ihre alten Geräte durch effiziente Geräte eintauschen?
- dass der Wasserverbrauch eines Haushaltes um 50 % reduziert werden kann, wenn Sparduschköpfe verwendet werden und die Toilettenspülungen Stoppfunktionen haben?
- dass Heizlüfter, die in vielen Haushalten z. B. im Badezimmer eingesetzt werden, Strom im Wert von 75 € im Jahr verbrauchen?
- dass man mit Energiesparlampen, die teuer angeschafft werden müssen, rund 60 € im Vergleich zur herkömmliche Glühbirne spart?
- dass durch einen tropfenden Wasserhahn mehr als 1 000 Liter Wasser im Jahr verschwendet werden?

Ideen zum Strom- und Wassersparen:

Heizung und Beleuchtung
- Raumtemperatur senken: bereits ein Grad weniger spart eine erhebliche Menge Heizenergie.
- Im Winter Räume kurz und kräftig lüften.
- Gute Energiesparlampen verwenden. Der hohe Preis lohnt sich!
- In nicht genutzten Räumen Licht ausschalten.

Computer, Drucker, Scanner ...
- Geräte nur dann einschalten, wenn man sie auch tatsächlich braucht.
- Den Energiesparstatus der Geräte aktivieren.

Haushaltsgeräte
- Geräte auslasten: Spülmaschine und Waschmaschine erst dann einschalten, wenn sie voll ist.
- Beim Spülen und Waschen mit Maschinen nach Möglichkeit das Sparprogramm wählen.
- Kühl- und Gefriergeräte nie neben Wärmequellen wie Heizungen und Herde stellen.
- Im Kühl- und Gefrierschrank Ordnung halten, damit die Geräte nur kurz geöffnet werden müssen.
- Dichtungen der Kühl- und Gefriergeräte, von Waschmaschine und Geschirrspülmaschine regelmäßig kontrollieren.
- Verhindern, dass Gefriergeräte zu sehr vereisen.
- Die Temperatur des Kühl- und Gefriergerätes messen (Kühlschrank: + 7 °C, Gefriergerät: – 18 °C).

Körperpflege
- Duschen statt Baden – am besten mit einem Sparduschkopf.

Das ist wichtig!
Der Stand-by-Modus sollte durch das Ausschalten der Geräte unterbrochen werden. Hilfreich ist es, eine Steckerleiste mit Ein-/Aus-Schalter zwischen Gerät und Steckdose zu schalten.

Aufgaben

1. Lies die Informationen durch. Was ist neu für dich?
2. Suche nach Strom- und Wasserfressern: zu Hause, in der Schule und in der Gemeinde. Mache Vorschläge.
3. Nimm dir eine neue umweltbewusste Handlungsweise vor, halte sie schriftlich fest und übe sie ein.
4. Interviewt eine/n Energieberater/-in.

Nachhaltigkeit und Verbraucherbewusstsein

Entsorgung von Geräten

Info

Wusstet ihr schon ...
- dass seit 2005 die Rücknahme und die umweltverträgliche Entsorgung von Elektro- und Elektronikgeräten gesetzlich geregelt sind?
- dass die Elektro- und Elektronikaltgeräte kostenlos zurückgegeben werden können?
- dass manche Firmen Altgeräte selbst zurücknehmen und Einzelteile wieder verwenden?
- dass das Gesetz zur Rücknahme von Elektroschrott Auswirkungen auf den Bau von Geräten hat? Geräte werden heute so gebaut, dass sie leichter zu demontieren sind und weniger umweltbelastende Stoffe enthalten.
- dass in Europa jährlich 100 Millionen Handys im Müll landen?
- dass ein Handy durchschnittlich nur ein Jahr genutzt wird, obwohl es eine durchschnittliche Lebensdauer von fünf Jahren hat?

Was hat der Krieg im Kongo mit meinem Handy zu tun?

In den meisten Handys ist das Metall Tantal enthalten. Dies wird aus dem wertvollen Erz Coltan gewonnen. Etwa 80 % des weltweit vorhandenen Coltans liegt in den Böden des Kongo. Der Kongo ist das ressourcenreichste Land Afrikas. Allerdings sind die Menschen dort nicht reich, denn auch wegen des Rohstoffs Coltan herrscht seit 1998 Bürgerkrieg. Dieser Krieg wird auch durch den Verkauf dieses Rohstoffes finanziert. Mehr als 2,5 Millionen Menschen verloren in diesem Krieg ihr Leben. Daher muss die Nachfrage nach Coltan reduziert werden. Außerdem herrschen im Coltanabbau menschenverachtende Arbeitsbedingungen – einschließlich der Kinderarbeit.

Das ist wichtig!
Das Gesetz zur Rücknahme des Elektroschrotts gilt u. a. für folgende Geräte:
Haushaltsgroß- und -kleingeräte, Geräte der Informations- und Telekommunikationstechnik, Geräte der Unterhaltungselektronik, Beleuchtungskörper, elektrische und elektronische Werkzeuge, Spielzeug sowie Sport- und Freizeitgeräte.

131.1 Elektroschrott

Ideen für die Entsorgung von Geräten:
- Nutze Handys, Computer, MP3-Player und andere Elektronikgeräte so lange wie möglich.
- Wechsle alte Elektrogeräte aus, wenn sie im Vergleich zu Neugeräten Strom- und Wasserfresser sind.
- Funktionstüchtige Elektronikgeräte (z. B. Computer ...) können weiterverkauft oder verschenkt werden.
- Informiere dich bei der kommunalen Abfallwirtschaft, wie und wo der Elektroschrott entsorgt werden kann.
- Bring alte Geräte zur Entsorgung zu den Sammelstellen (auch Kleingeräte).

Aufgaben

1. Lies die Informationen durch. Was ist neu für dich?
2. Befragt Experten vor Ort, wie das Rücknahmegesetz umgesetzt wird.
3. Führt eine Erkundung durch (Demontagebetrieb oder Wertstoffhof).

Sich fortbewegen unter der Lupe

Familie Kühnert (Vater 40 Jahre, Mutter 38 Jahre, Philip 15 Jahre, Kira 13 Jahre) besitzt 2 Autos. Der Vater fährt täglich die 8 Kilometer zu seiner Arbeitsstelle mit dem Auto. Wartezeiten bei öffentlichen Verkehrsmitteln und das Gedränge sind ihm lästig. Philip fährt mit dem Fahrrad zur vier Kilometer entfernten Werkrealschule. Dreimal in der Woche hat er Fußballtraining im Nachbarort. Seine Mutter bringt und holt ihn mit dem Auto. Kira fährt täglich mit dem Bus in die Werkrealschule. Zum Musikvereinstreffen wird auch sie von ihrer Mutter gefahren. Ihre Mutter liebt das Autofahren und macht fast nichts zu Fuß oder mit öffentlichen Verkehrsmitteln.

132.1 Frau Kühnert im Auto

Wie man sich fortbewegt, hat unterschiedliche Folgen. Neben den Umweltbelastungen durch Abgase werden für den Bau von Straßen und Parkplätzen Flächen verbraucht. Außerdem entsteht durch Verkehr Lärm.

Etwa ein Drittel aller Autofahrten sind kürzer als zehn Kilometer und 23 % sogar kürzer als zwei Kilometer. Und das, obwohl das Fahrrad bei Wegstrecken unter zwei Kilometern in der Stadt das schnellere Fortbewegungsmittel ist.

Reiselust: Die Umwelt zahlt den Preis
Bei einer Reise von 500 km entstehen pro Person

	Kohlendioxid in kg	Stickstoffoxide in g	Schwefeldioxid in g
mit dem Flugzeug	130 kg	490 g	62 g
mit dem Auto (Pkw mit Kat)	88	220	17
mit der Bahn	19	57	17
mit dem Reisebus	14	340	14

Quelle: Die Deutschen Bahnen / WWF

So geht es auch

Öffentlicher Personennahverkehr
Mit Bus und Bahn können viele Fahrten zurückgelegt werden. Das öffentliche Personennahverkehrsnetz ist in den meisten Regionen gut ausgebaut.

Carsharing
Für Personen, die im Jahr bis zu 10 000 km fahren und das Auto nicht täglich benötigen, ist das Carsharing eine Möglichkeit der Fortbewegung. Für gelegentliche Fahrten rechnet sich dann auch das Taxi oder ein Mietwagen.

Fahrgemeinschaften und Mitfahrzentralen
Viele Fahrten im Alltag lassen sich als Fahrgemeinschaften organisieren. Für weitere Fahrten kann z. B. über das Internet das Angebot von Mitfahrzentralen genutzt werden.

Mit dem Fahrrad oder zu Fuß
Zu Fuß gehen oder mit dem Fahrrad fahren ist gesund und verursacht keine Umweltschäden.

Aufgabe
Lest den Fall und die Informationen. Was könnte die Familie anders machen?

Nachhaltigkeit und Verbraucherbewusstsein

Reisen unter der Lupe

Die meisten Menschen möchten in ihrem Urlaub in andere Länder reisen. Die Reiseveranstalter haben sich darauf eingestellt und ein vielfältiges Reiseangebot entwickelt. Bei der Auswahl einer Reise wird vor allem an die Kosten, an die Freizeitmöglichkeiten, an die Verpflegung und Unterbringung und an die Verkehrsanbindung gedacht. Das eigene Reiseverhalten und dessen Auswirkungen auf die Umwelt sowie die Menschen im Reiseland werden beim Reisen wenig berücksichtigt.

Auswirkungen des Tourismus
- Steigerung des Pro-Kopf-Einkommens im Reiseland
- Schaffung von Arbeitsplätzen
- Ausbau der Verkehrswege, Freizeitmöglichkeiten
- Steigerung der Grundstücks- und Mietpreise
- Bebauung von Landschaft mit großen Hotelanlagen und Straßen
- Probleme mit der Müllentsorgung
- in vielen Regionen Wasserver- und -entsorgungsprobleme
- Beeinflussung kultureller und sozialer Verhaltensweisen

Wegen des weltweiten Reisebooms werden Forderungen nach einem „**sanften Tourismus**" laut.

Forderungen für einen „sanften Tourismus"

133.1 Hotelanlage auf Mallorca

Aufgaben

1. Wie bereitet ihr euch auf Reisen vor?
2. Lies die Möglichkeiten zum „sanften Tourismus", bewerte sie und begründe deine Meinung.
3. Schaut in Reisekatalogen nach. Welche Informationen zum „sanften Tourismus" findet ihr? Schreibt sie auf.

- Speisen und Getränke kommen aus der Urlaubsregion.
- Fernreisen werden begrenzt, um umweltschädliche Flüge zu reduzieren.
- Reiseveranstalter informieren über Umweltschutz und die Kultur des Landes.
- Verzicht auf das Auto im Reiseland und Busservice vor Ort nutzen.
- Unterbringung in kleinen Anlagen, die dem ökologischen Bauen entsprechen.
- Im Urlaubsland werden Souvenirs gekauft, die auch dort produziert wurden.
- Umweltverträgliche Sportarten wie Wandern, Schwimmen, Radeln auswählen.
- Reisende stellen sich im Verhalten und in der Kleidung auf die Sitten und Gebräuche des Reiselandes ein.
- Beim Fotografieren Menschen um ihr Einverständnis bitten.
- Reisende achten auf einen sparsamen Wasserverbrauch.
- Reisende reduzieren ihr Müllaufkommen und achten auf eine umweltgerechte Entsorgung.
- Reisende informieren sich über die Gewohnheiten des Gastlandes.

Freizeitverhalten unter der Lupe: Was Jugendliche in ihrer Freizeit machen

Meine Freizeit gehört mir – da kann ich tun was ich will!

Skifahren fange ich erst gar nicht an. Das schädigt die Umwelt.

Heimkommen, den Computer anmachen und erst mal alles vergessen. Das ist Freizeit pur.

In meiner Freizeit will ich chillen.

Shoppen und mit Freunden rumhängen – das nenne ich Freizeit.

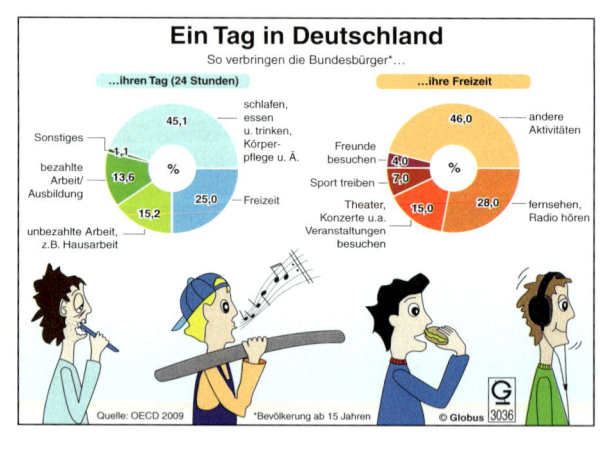

Dreimal in der Woche Sport: das ist meine Freizeit!

Ein Tag in Deutschland
So verbringen die Bundesbürger*...

...ihren Tag (24 Stunden) %:
- schlafen, essen u. trinken, Körperpflege u. Ä.: 45,1
- Sonstiges: 1,1
- bezahlte Arbeit/Ausbildung: 13,6
- unbezahlte Arbeit, z.B. Hausarbeit: 15,2
- Freizeit: 25,0

...ihre Freizeit %:
- andere Aktivitäten: 46,0
- Freunde besuchen: 4,0
- Sport treiben: 7,0
- Theater, Konzerte u.a. Veranstaltungen besuchen: 15,0
- fernsehen, Radio hören: 28,0

Quelle: OECD 2009 *Bevölkerung ab 15 Jahren

Freizeit der Jugend:
Das mach ich am liebsten!
So viel Prozent der 13- bis 19-Jährigen beschäftigen sich in ihrer Freizeit am liebsten mit:

- Musik hören: 87 %
- Freunde treffen: 86
- Im Internet surfen: 77
- Ausgehen/Nachtleben: 62
- Faulenzen: 58
- Sport treiben: 55
- Lesen: 51
- DVD schauen: 51
- Fernsehen: 51
- Shoppen: 47
- Kino: 43

Quelle: Youngcom, Jugendstudie 2010   Mehrfachnennungen

Aufgaben

1. Betrachtet die Statistiken und bringt die Informationen mit eurem eigenen Freizeitverhalten in Beziehung.
2. Erstellt eine Statistik über das Freizeitverhalten in eurer Klasse.

Nachhaltigkeit und Verbraucherbewusstsein

Umweltbelastungen durch Freizeitbeschäftigungen:

Viele Jugendliche vergessen, dass ihr Freizeitverhalten Auswirkungen auf die Umwelt haben kann. Diese Seite soll euch anregen, darüber nachzudenken.

Wie umweltfreundlich verhalte ich mich in meiner Freizeit?

- Bei Ausflügen nehme ich grundsätzlich alle Abfälle mit nach Hause.
- Ich laufe nicht querfeldein.
- Ich bleibe beim Fahrradfahren auf den Wegen.
- Ich benutze häufig öffentliche Verkehrsmittel.
- Ich vermeide, dass extra für meine Termine Hol- und Bringdienste eingerichtet werden.
- Ich entsorge Sportgeräte sachgerecht.
- Ich hänge in meiner Freizeit nicht nur am PC.
- Ich verzichte manchmal auf mein Handy.
- Für meinen MP3-Player benutze ich Akkus.
- Ich interessiere mich für die Umweltproblematik und informiere mich darüber.
- Ich verreise selten mit dem Flugzeug.
- Ich lege kürzere Wegstrecken zu Fuß zurück.

135.1 Skipiste im Frühling

Freizeitbeschäftigungen	Umweltbelastungen
I Spazierengehen/ Wandern	1. Abfälle, Müll 2. Wildschäden 3. Flurschäden 4. Lärmbelästigung
II Sport treiben	1. Natur- und Landschaftszerstörung (durch Zertreten, Abreißen von Pflanzen u. a.) 2. Verschmutzung der Natur (Sonnenöl im Wasser, Abfälle u. a.) 3. Luftverschmutzung durch Autoabgase 4. Landschaftszerstörung durch Sport- und Freizeitanlagen (einschließlich Skipisten, Reitwege u. a.) 5. Lärmbelästigung (Fußballstadien, Motorboote u. a.)
III Autoausflüge ins Grüne	1. Luftverschmutzung durch Autoabgase 2. Abfälle und Picknickreste
IV Fahrradfahren	1. Zerstörung von Landschaft und Vegetation durch Anlage von Radwegen 2. Abfälle, Picknickreste
V Camping, Zelten	1. Luftverschmutzung durch Autoabgase 2. Zerstörung von Landschaft und Vegetation durch Campingplätze 3. Lärmbelästigung 4. Waldbrandgefahr

Aufgaben

1. Lies die Informationen.
2. Welche Umweltbelastungen werden durch die umweltfreundlichen Verhaltensweisen reduziert? Notiere.
3. Tauscht euch aus, welche umweltfreundlichen Handlungsweisen ihr bereits in eurer Freizeit umsetzt.

Freizeitverhalten unter der Lupe: Wir machen eine Klassenfahrt

Reisewunsch festlegen
- pro Person drei Wünsche aufschreiben
- die Wünsche mit Überlegungen zur Nachhaltigkeit begründen.

Suchen von Angeboten Buchung
- gemeinsam das endgültige Reiseziel festlegen
- Preisangebote verschiedener Anbieter vergleichen
- Sachinformationen einholen (Naturschutzgebiete, Freizeitmöglichkeiten, Verkehrsanbindung ...)

Kleidung, Ausrüstung, Hobbyartikel
- eine Liste der notwendigen Gegenstände zusammenstellen
- Luxusgegenstände zu Hause lassen
- Reisekasse einrichten

Transport
- Wahl von umweltfreundlichen Verkehrsmitteln
- Fahrradausleihe vor Ort abfragen
- Landkarten besorgen

Unterkunft
- Erkundung der Umgebung
- Kontakte zu Menschen und zu Institutionen vor Ort aufnehmen
- Austausch, ob das Ziel den Erwartungen entspricht

Nachhaltigkeit und Verbraucherbewusstsein

Verpflegung
- bei eintägigen Reisen auf Mehrwegverpackungen achten
- Getränke in Mehrwegflaschen konsumieren
- auf Fast Food verzichten
- bei Selbstverpflegung regionales Angebot nutzen
- Fleischverbrauch reduzieren

Freizeitaktivitäten und Konsum vor Ort
- Aktivitäten selbst entwickeln
- auf niedrigen Energie- und Wasserverbrauch achten
- Müll sachgerecht entsorgen
- Natur erleben bei Tag und Nacht

Ab- und Heimreise
- auf Wegwerfsouvenirs verzichten
- Unterkunft sachgemäß aufräumen und umweltgerecht reinigen
- auf der Reise Müll vermeiden und entsorgen

Reflexion und Rückblick
- gemeinsame Überlegungen, welche Umweltbelastungen durch die Fahrt entstanden sind
- Erfahrungen der Klassenfahrt mit Alltagserfahrungen vergleichen
- Alternativen überlegen
- Klassenfahrt dokumentieren

Wenn Schülerinnen und Schüler ihre Klassenfahrt gemeinsam gestalten, kann dies ein- oder mehrtägig stattfinden. Je nach Zeitdauer gibt es unterschiedliche Schwerpunkte bei der Planung und Durchführung der Klassenfahrt.

Aufgaben

1. Erstellt eine eigene Liste, welche Dinge bzw. Handlungsweisen ihr einhalten bzw. durchführen wollt.
2. Überprüft nach der Rückkehr, wie gut ihr eure Überlegungen umsetzen konntet.

Berufssteckbrief: Fachkraft für Lebensmitteltechnik

Tätigkeiten in diesem Beruf

- sachgerechte Lagerung von Lebensmittel-Rohprodukten,
- Berechnung von Mischungsverhältnissen,
- Einrichten der Maschinen und Anlagen für unterschiedliche Arbeitsabläufe,
- Bedienung und Überwachung der Maschinen und Anlagen,
- Überprüfen der hergestellten Lebensmittel (Geschmack, Aussehen …),
- Kontrolle der Verpackungen,
- Nachbestellen von Waren,
- umweltgerechte Entsorgung von Abfällen,
- Reinigung der Maschinen und Anlagen.

Wo wird dieser Beruf ausgeübt?

Fachkräfte für Lebensmitteltechnik arbeiten hauptsächlich in Produktionsabteilungen der Lebensmittelindustrie. Dort überwachen sie große und kleinere Produktionsanlagen. Bei Störungen müssen sie schnell reagieren, damit möglichst wenige Lebensmittel verderben.

138.1 Eine Fachkraft für Lebensmitteltechnik bei der Arbeit

Welche Kompetenzen braucht man?

	vorteilhaft	wichtig	sehr wichtig
Teamfähigkeit		■	
Freude am Überwachen und Disponieren			■
Gute Konstitution		■	
Keine Allergien			■
Verantwortungsbewusstsein			■
Hygienebewusstsein			■
Selbstständigkeit	■		
Technisches Verständnis		■	
Interesse an biologischen und chemischen Vorgängen		■	
Rasche Auffassungsgabe		■	

Wie ist die Ausbildung organisiert?

Berufstyp	anerkannter Ausbildungsberuf
Ausbildungsvoraussetzungen	je nach Region und Wirtschaftslage werden unterschiedliche Schulabschlüsse vorausgesetzt
Ausbildungsart und Lernorte	• duale Ausbildung • an Berufsschulen und den Betrieben
Ausbildungsdauer	3 Jahre

Nachhaltigkeit und Verbraucherbewusstsein

Ausbildungsberufe in Umwelt- und Naturschutz, der Lebensmittelproduktion und Entsorgung und Recycling

Umwelt und Naturschutz
- Umweltschutztechnische/-r Assistent/-in
- Gärtner/-in
- Forstwirt/-in
- Landwirt/-in
- technische/-r Assistent/-in für nachwachsende Rohstoffe
- Chemikant/-in
- …

Tourismus und Freizeitwirtschaft
- Assistent/-in für Freizeitwirtschaft
- Hotelfachmann/-frau
- Hotelkaufmann/-frau
- Touristikassistent/-in
- …

Ausbildungsberufe in …

Entsorgung und Recycling
- Fachkraft für Kreislauf- und Abfallwirtschaft
- Fachkraft für Abwassertechnik
- Fachkraft für Wasserversorgungstechnik
- Fachkraft für Rohr-/Kanal und Industrieservice
- Gebäudereiniger/-in
- …

Lebensmittelproduktion
- Fachkraft für Lebensmitteltechnik
- Fachkraft für Süßwarentechnik
- Koch/Köchin
- Bäcker/-in
- Konditor/-in
- Fleischer/-in
- …

246W

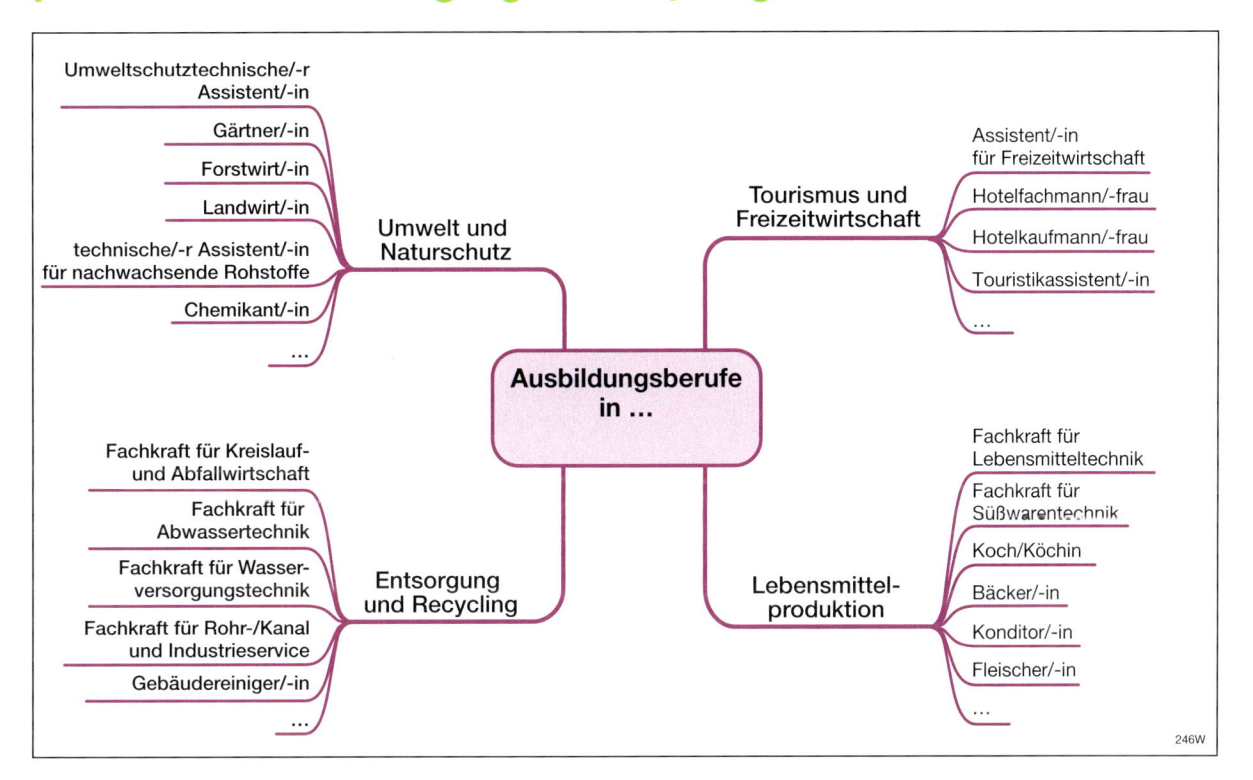

139.1 Hotelfachmann    **139.2** Gärtnerin    **139.3** Fachkraft für Abwassertechnik

Aufgaben

1. Welche Berufe interessieren dich? Entscheide dich für zwei Berufe und begründe deine Entscheidung.
2. Hole Informationen zu diesen Berufen ein und erstelle einen Steckbrief. Das kann hilfreich sein: Internet, Informationsbroschüren der Agentur für Arbeit, Interview mit Berufstätigen.
3. Mache ein Praktikum, so erhältst du am besten Einblick in den Beruf.

Ablaufplan
Ein Ablaufplan ist eine Zusammenstellung des geplanten sachlichen und zeitlichen Projektablaufs. Im Ablaufplan sind die Vorgänge und Meilensteine aufgeführt.

Akzeptieren:
Etwas annehmen.

Allergene:
Stoffe in Lebensmitteln, Kleidung und in der Umwelt, die eine Reaktion des Körpers hervorrufen.

Alternativen:
Auswahl an Möglichkeiten.

analysieren:
Auf einzelne Merkmale hin untersuchen.

Antibiotika:
Biologische Wirkstoffe gegen Krankheitserreger.

Appell:
Aufforderung, etwas zu tun.

Bäckereibranche:
Wirtschaftsunternehmen, die Backwaren herstellen bzw. verkaufen.

Bakterien:
Bakterien sind mikroskopisch kleine Organismen. Auf und in dem menschlichen Körper gibt es sehr viele davon, die unschädlich sind. Bakterien können aber auch als Krankheitserreger wirken. Sie werden dann mit → Antibiotika bekämpft.

Balanceakt:
Ein Balanceakt ist der Versuch, zwischen zwei Gegensätzen das Gleichgewicht zu halten, z. B. Krankheit – Gesundheit.

Billiglohnland:
Auch Niedriglohnland genannt. In solchen Ländern sind die Löhne der Arbeitskräfte sehr niedrig.

Biotechnik:
Technische Verfahren, mit deren Hilfe biologische Eigenschaften erforscht, erhalten und verändert werden.

Bräuche:
Eine Gewohnheit, eine Tradition.

Codieren:
Verschlüsseln, verrätseln.

Dezibel:
Dezibel A, abgekürzt dB (A), ist die Maßeinheit für die Stärke des Schalls, bezogen auf das Gehör des Menschen. Beispiele: Blätterrauschen 10 dB, Hauptverkehrsstraße 80–90 dB, Diskothek 100 dB, Düsenflugzeug 120 dB.

Diagnose:
Feststellen des Gesundheitszustandes.

Discounter:
Einzelhandelsgeschäft, das geringe Verkaufspreise bietet, aber auch ein eher schmales und flaches Warensortiment. Die Waren werden unaufwendig präsentiert, das Geschäft hat eine relativ kleine Verkaufsfläche. Beispiele: Aldi, Lidl.

Down-Syndrom:
Bezeichnung einer speziellen Genmutation bei Menschen, die sich bereits bei der Entwicklung im Mutterleib vollzieht und die zu einer körperlichen und häufig auch zu geistigen Behinderungen führt.

duale Ausbildung:
Bei einer dualen Ausbildung lernen die Auszubildenden sowohl in einem Betrieb als auch in einer Berufsschule.

Effizient:
Wirksam und wirtschaftlich, ohne Verschwendung von Zeit und Geld.

Effiziente Geräte:
Kosten, Arbeitskraft, Energie und Wasser sparende Geräte.

Entsorgungsstätten:
Orte, an denen Reste bzw. Abfälle entsorgt werden.

EU:
Europäische Union, Zusammenschluss von 27 europäischen Staaten, die wirtschaftlich und politisch zusammenarbeiten.

Event:
Eine Veranstaltung, ein Ereignis.

Export:
Güter werden in andere Länder verkauft.

Feedback:
Rückmeldung, Reaktion.

Fitnesscoach:
Person, die andere Personen in Bezug auf ihre Fitness berät und trainiert.

Gestik:
Bewegungen der Hände, der Arme und des Kopfes, die die Sprache unterstützen bzw. ersetzen.

Gesundheitsprofil:
Die Erfassung und Gewichtung aller Bereiche, die für die Gesundheit von Bedeutung sind.

Gewerbemüll:
Müll, der bei der Herstellung von Waren in Fabriken entsteht.

Gluten:
Gluten kommt in den Samen von Getreidearten vor. Bei Menschen mit entsprechender Veranlagung kann das zu einer entzündlichen Erkrankung der Darmschleimhaut führen, die weitreichende gesundheitliche Folgen hat.

Herz-Kreislauf-System:
Das Kreislaufsystem ist das Transportsystem des Körpers, das mit dem Blut Sauerstoff und Nährstoffe in jede Körperzelle transportiert und deren Stoffwechselprodukte entfernt. Es ist etwa 100 000 km lang, das entspricht dem doppelten Umfang unserer Erde.

Hormonproduktion:
Körpereigene Wirkstoffe werden in den Drüsen hergestellt.

Hygiene:
Lehre von der Verhütung der Krankheiten und der Erhaltung, Förderung und Festigung der Gesundheit. Hygiene im engeren Sinn bezeichnet die Maßnahmen zur Vorbeugung von Infektionskrankheiten, insbesondere Reinigung, Desinfektion und Sterilisation.

Immunsystem:
Das biologische Abwehrsystem, das Schädigungen durch Krankheitserreger verhindert.

Industriell:
Mit Maschinen hergestellt.

Infektionskrankheit:
Eine Krankheit, die durch Erreger ausgelöst wird. Bei ersten Anzeichen sollte man zum Arzt gehen.

Interpretieren:
Etwas deuten.

Investitionen:
Geld wird in Maschinen, Anlagen, Häuser angelegt.

Ionisierend bestrahlt:
Lebensmittel werden bestrahlt, dabei verändert sich die physikalische Eigenschaft des Lebensmittels.

Kohärenzgefühl:
Als Kohärenz bezeichnet man den Zusammenhang oder Zusammenhalt von etwas. Hier ist gemeint, dass ein Mensch eine so positive Grundeinstellung hat, dass unvorgesehene Situationen ihn nicht aus dem Konzept bringen können, sondern dass diese bewältigt werden können.

Kommunale Abfallwirtschaft:
Jede Gemeinde oder Stadt hat eine Einrichtung, bei der man sich bei Fragen zur Entsorgung erkundigen kann (im Telefonbuch nachschauen).

Kommunikation:
Verständigung untereinander mithilfe von Sprache und Zeichen.

kompostieren:
Aus pflanzlichen Abfällen wird Kompost gemacht, dieser wird dann als Dünger eingesetzt.

Kompromisse:
Ein Kompromiss ist eine Abmachung, bei der alle Partner Zugeständnisse machen.

Konsumieren:
Etwas verbrauchen oder verzehren.

Konventionell:
Ist etwas, wenn es wie immer oder wie üblich ist.

Konzept:
Umfassende Zusammenstellung der Ziele und Maßnahmen zur Umsetzung des Vorhabens.

Kooperieren:
Mit anderen zusammenarbeiten.

Koordination:
Das Zusammenspiel verschiedener Muskelgruppen, Körperteile und Einzelbewegungen zu einem harmonischen Bewegungsablauf.

Körperposition:
Körperstellung

Kriterien:
Unterschiedliche Merkmale bzw. Gesichtspunkte.

Kropfbildung:
Wenn die Schilddrüse eines Menschen krankhaft vergrößert ist, bildet sich ein Kropf am Hals. Das kann durch Jodmangel hervorgerufen werden.

Kultur:
Als Kultur bezeichnet man die Gesamtheit der geistigen, künstlerischen und gestaltenden Leistungen einer Gemeinschaft, wie z. B. Musik, Literatur usw.

Kulturelle Strukturen:
Die in einer Gesellschaft über lange Zeiträume entstandene Art und Weise der Lebensgestaltung.

Lebensmittelzusatzstoffe:
Diese Stoffe werden Lebensmitteln aus verschiedenen Gründen zugesetzt. Sie sollen z. B. das Lebensmittel länger haltbar machen oder streichfähiger. Gekennzeichnet sind sie mit den sog. E-Nummern.

Lebensqualität:
Materieller Wohlstand, Bildung, Berufschancen, Gesundheit, Beziehungen, Natur usw. beeinflussen die Lebensqualität, die ein Mensch hat. Wie die einzelne Person ihre Lebensqualität einschätzt, ist von ihrer individuellen Bewertung abhängig.

Lebensstandard:
Der Lebensstandard bezeichnet die Qualität der Lebensbedingungen einer Person im Vergleich zu anderen Personen. Zum Lebensstandard gehört z. B. die Wohnung, Einkommen, Auto, kulturelle Angebote.

Lifestyle:
Die Art und Weise der Lebensführung, auch als Lebensstil bezeichnet.

Lounge:
Ruhige Orte, mit einer angenehmen Atmosphäre zum Entspannen.

Marketingspezialisten:
Experten, für die Vermarktung von Waren und Dienstleistungen.

materiell:
Dinglich, gegenständlich. Hier sind Dinge gemeint, die man kaufen kann, im Gegensatz zu immateriellen Werte, die nicht gekauft werden können.

Methangase:
Methan ist ein farb- und geruchloses Gas, das in der Natur vorkommt. Wiederkäuer wie Rinder und Kühe stoßen viel Methan als Verdauungsgas aus, dadurch wird das Klima belastet.

Mimik:
Gesichtsausdruck durch das Mienenspiel.

Mobilisierung:
Erhaltung und Wiederherstellung der Beweglichkeit von Gliedern, indem Wirbelsäule und Gelenke sanft gedehnt werden.

Moderation:
Mäßigung, Lenkung, Steuerung von Abläufen.

Monokulturen:
Wird nur eine Pflanzensorte auf großen Landflächen angebaut, spricht man von Monokulturen.

Nachhaltige Entwicklung:
Von einer nachhaltigen Entwicklung spricht man dann, wenn die ökologischen, die wirtschaftlichen und die sozialen Kriterien berücksichtigt wurden.

Naturressourcen:
Rohstoffe, die in der Natur vorhanden sind.

nonverbal:
Nonverbale Kommunikation findet nicht mit Sprache, sondern durch Zeichen, Gestik und Mimik statt.

Ökobilanz:
Ziel einer Ökobilanz ist es Umweltbelastungen, die auf dem Lebensweg eines Produktes entstehen, zu erfassen und ihre Auswirkungen auf die Umwelt zu bewerten. Bei einer Ökobilanz wird ein Produkt von der Herstellung bis zur Entsorgung erfasst und bewertet.

ökologisch:
Die Ökologie ist die Wissenschaft von den Wechselbeziehungen zwischen den Lebewesen und ihrer Umwelt. Eine ökologische Landwirtschaft ist eine umweltverträgliche Landwirtschaft.

Optimal:
Bestmöglich.

optimistisch:
Ein optimistischer Mensch hat eine heitere, zuversichtliche und lebensbejahende Grundeinstellung.

Optische Täuschung:
Wahrnehmungstäuschung der Augen.

Orthopäde:
Facharzt für die Bewegungsorgane.

Pantomimisch:
Etwas ohne Worte, nur durch den Körper ausdrücken.

Prävention:
Vorbeugung, Verhütung, gerade in Bezug auf Krankheiten ist dieses wichtig.

Printwerbung:
Gedruckte Werbung, z. B. in Zeitschriften, auf Plakaten ...

Probiotischer Joghurt:
Joghurt, der spezielle Bakterienstämme enthält. Die gesundheitsfördernde Wirkung ist umstritten.

Recycling:
Weiterverwertung bzw. Wiederaufarbeitung von Produkten.

Reduktion:
Verringerung, Zurückführung auf ein geringeres Maß

Reflexion:
Prüfende Betrachtung, damit wird ein Ergebnis beurteilt.

Ressourcen:
Natürlich vorhandener Bestand von etwas, z. B. Rohstoffe. Hier wird unterschieden in nachwachsende (z. B. Holz) und nicht nachwachsende Rohstoffe (z. B. Erdöl.)

Sensorische Prüfung:
Mit den Augen, dem Mund, der Nase, den Ohren (alle Sinne) etwas prüfen.

Spinning:
Ein Trainingsprogramm, meist als Ausdauersport auf stationären Fahrrädern ausgeübt.

Stand-by-Modus:
Bereitschaftsmodus eines elektrischen oder elektronischen Gerätes. Es ist in diesem Modus nicht komplett ausgeschaltet und verbraucht weiterhin Strom.

Substrat:
Substrate werden im Gartenbau eingesetzt. Sie werden aus verschiedenen Erden hergestellt, durch Beimischung von Zuschlagstoffen, aus Erdgemischen oder als erdelose Substrate. Im Gemüsebau wird z. B. Steinwolle eingesetzt.

Symptome:
Anzeichen einer Krankheit.

Lexikon

Technologien:
Verfahren zur Produktion von Waren und Dienstleistungen.

Therapie:
Heilbehandlung, um eine Krankheit zu kurieren.

Transgene Pflanzen:
Pflanzen, deren Erbinformation (Gene) verändert wurden.

UN:
Die United Nations (Vereinte Nationen) sind ein zwischenstaatlicher Zusammenschluss von weltweit 192 Staaten. Die wichtigsten Aufgaben sind die Sicherung des Weltfriedens, die Einhaltung des Völkerrechts, der Schutz der Menschenrechte und die Förderung der internationalen Zusammenarbeit.

Vegetarier:
Menschen, die kein Fleisch und keine Fleischprodukte essen.

Vegetation:
Wachstum von Pflanzen, Pflanzenbewuchs in einem bestimmten Gebiet.

Verbal:
Verbale Kommunikation bezeichnet die Verständigung mit Sprache.

Verbandssiegel:
Produzenten, aber auch Verbraucher, haben sich zu unterschiedlichen Verbänden zusammengeschlossen, um nach ihren Richtlinien Lebensmittel und Waren am Markt anzubieten. Die einzelnen Verbände sind an den Siegeln auf den Lebensmitteln und Waren zu erkennen.

Viren:
Viren sind Zellen, die bei Menschen, Tieren und Pflanzen Krankheiten auslösen können.

vollwertig:
Bei einer vollwertigen Ernährung werden Lebensmittel und Getränke sorgfältig und bewusst gesund ausgewählt, schonend zubereitet und möglichst wenig behandelt verzehrt. Eine vollwertige Ernährung versorgt den Körper mit allen Nährstoffen, ohne Überversorgung mit Kalorien.

Zertifiziert:
Ausgezeichnet.

A1PIX/Your Photo Today, Taufkirchen: 14.2, 14.4, 77.1 (BIS); adpic Bildagentur, Bonn: 54 (T. Ott), 105.3 (Wodicka); agrarpress, St. Goar: 112.1 (Schiffer); alamy images, Abingdon/Oxfordshire: 57.6; AndersARTig Werbung + Verlag GmbH, Braunschweig: 70.1; argus Fotoarchiv GmbH, Hamburg: 41.3 (Hartmut Schwarzbach); Barker, Ruth, Plauen: 46.1; Behindertenhilfe Berkhöpen-Burgdorf GmbH, Edemissen: 33.2; Behrens, Lehrte-Arpke: 51.1; Betz, Prevorst: 135.1; Bildagentur Schapowalow GmbH, Hamburg: 106, 106 groß (Weisser); BilderBox Bildagentur GmbH, Thening: 125; bit Verlag Weinbrenner GmbH & Co. KG, Leinfelden Echterdingen: 89.2; Brenner, Sandra, Stuttgart: 11.3, 15.1, 27.1, 78.1, 79.3, 108.2; Bundesanstalt für Landwirtschaft und Ernährung, Bonn: 116.1; Caro Fotoagentur GmbH, Berlin: 81.4, 100.1 (Sorge), 138.1 (Oberhaeuser); Christoph & Friends/Das Fotoarchiv, Essen: 22.4; CMA, Bonn: 64.4, 115.2; Corbis, Düsseldorf: 50.4 (Elke van de Velde/zefa), 81.3 (Jim Craigmyle); Cornelsen Verlag GmbH, Berlin: 85.2; Deiseroth, Dieter, Niederaula: 18.2, 112.4; Deutsche Bahn AG, Berlin: 97.2; Deutsches Down-Syndrom InfoCenter, Lauf: 94.2; doc-stock GmbH, Stuttgart: 25.2; dpa Infografik GmbH, Frankfurt: 117.2, 118.1, 118.2, 132.2, 134.8; Dr. August Oetker Nahrungsmittel KG, Bielefeld: 72.2; Druwe & Polastri, Cremlingen/Weddel: 57.5; Dägling, Andreas, Wardenburg: 104.1; Evian, Frankfurt/M.: 121.4; F1online digitale Bildagentur, Frankfurt/Main: 9.2 (Johnér); Fabian, Michael, Hannover: 52.5, 76.3, 85.4, 99.1, 134.4; Feldhaus, Hans-Jürgen, Münster: 12, 12, 90.1; FIRE Foto, München: 79.1 (Thomas Gaulke); Fochler, Dirk, Wendhausen: 8.2; Focus Photo- u. Presseagentur, Hamburg: 110.2, 134.5 (Photo Researchers/Gerard/Explorer); foodwatch: 73.1; Fotex Medien Agentur GmbH, Hamburg: 68.1 (R. Zorin); Foto Begsteiger KG, Gleisdorf: 85.3; fotolia.com, New York: 11.2, 12.1, 12.2, 12.3, 13.2, 14.5 (Klaus-Peter Adler), 45.1, 57.3, 63.3, 64.2, 64.3, 64.5, 64.6, 71.1 (ExQuisine), 75.5, 81.2 (Irena Wüstenhagen), 85.6 (andresinfinite), 97.1, 109.3, 114.2, 114.3, 127.1, 132.1, 136.2, 136.5 (Alexander Rochau), 137.1; Froese, Andreas, Berlin: 75.3; Hess, Axel, Selzen: 14.6; Hogen, Günter, Lautertal: 88.1, 88.3, 89.3; iglo GmbH, Hamburg: 43.2; Ilona Habben, Hamburg: 14.8; IMAGINE Fotoagentur GmbH, Frankfurt: 15.2, 50.2; imu-Infografik, Duisburg: 85.1; Info-Zentrum Schokolade, Leverkusen: 126.1; Juniors Bildarchiv, Ruhpolding: 134.1; Jänisch, Nicole Dr., Hannover: 121.2; Keystone Pressedienst, Hamburg: 52.2 (Volkmar Schulz), 52.3 (Jochen Zick), 134.3 (Dominique Ecken), 136.4 (Volkmar Schulz); Kohn, Klaus G., Braunschweig: 13.1, 13.5, 14.1, 14.10, 14.11, 40.1, 41.4, 47.1, 65.2, 78.2, 87.1, 94.1, 110.1; Konzept und Bild Cathrin Bach, Berlin: 42.1; Koopmann, Jörg, München: 10.2; Kraußmann, Katrin, Gifhorn: 99.3; Köcher, Ulrike, Hannover: 22.3, 91.1, 91.3; laif, Köln: 62.1 (Fokuhl/Stern), 112.2 (Tolga Sezgin/NarPhotos); Langer, Martin, Hamburg: 33.1; Lergenmüller, Arno, Roxheim: 76.2; Lichtblick Journalisten, Bochum: 134.2; mauritius images, Mittenwald: 9.1, 11.1 (Peter Enzinger), 14.12, 14.9 (SuperStock), 50.5 (Kerscher), 57.4 (Fiona Fergusson), 134.6 (age fotostock), 139.1 (COMSTOCK); medicalpicture GmbH, Köln: 77.2; Meier, Ditzingen: 60.1; Mertins, Harald, Ribbesbüttel: 137.2; Meyer, Petra, Stuttgart: 16.2, 19.1, 19.2, 19.3, 19.4, 20.2, 24.1, 29.1, 36.1, 36.2, 37.1, 39.2, 54.1, 54.2, 55.1, 55.2, 55.3, 55.4, 56.1, 60.2, 60.3, 87.1, 108.1, 109.1; Minkus IMAGES, Isernhagen: 18.1, 50.1, 85.5, 89.1, 89.4, 113.1, 139.2; Mora Garcia, J. L., Madrid: 66.2; Möller, Heike , Rödental: 129.1; Natterer, Freiburg: 70.2; OKAPIA KG Michael Grzimek & Co., Frankfurt: 22.5, 41.2 (T. Hollyman), 106.3 (Wendler), 107.2 (Uselmann); Panther Media GmbH, München: 71.2; Peter Wirtz Fotografie, Dormagen: 105.4; photothek.net GbR, Radevormwald: 91.2; Picture-Alliance, Frankfurt/M.: 13.3 (Sander), 22.1 (Lehtikuva/Markku Ulander), 33.3, 33.4 (Becker & Bredel), 39.1 (Patrick Pleul/ZB), 44.2, 45.2, 52.4, 52.6 (dpa), 57.1 (dpa), 68.2, 72.1, 72.3, 73.2, 75.2 (Federico Gambarini), 79.2 (dpa/Armin Weigel), 94.3 (Wolfgang Thieme/ZB), 94.4, 99.2 (Ernert), 107.1 (dpa-Report), 114.1 (Patrick Pleul/Zentralbild), 114.4 (Bodo Marks/dpa-Report), 116.2, 117.1, 119.1, 121.3, 131.1 (dpa/T. Brakemeier), 133.1 (dpa/U. Deck), 134.7, 136.3 (Peter Allert); plainpicture GmbH & Co. KG, Hamburg: 20.2 (Anna Matzen), 25.1 (/Yoo, J.u.A.), 76, 76 groß; Powell, John, Wimbledon: 112.3; Pro Slide, Bremen: 48.2 (Jens Heeren); Project Photos GmbH & Co. KG, Walchensee: 105.2 (Reinhard Eisele /); Protectours Created: 57.2 (Erik Neumann); Rüggeberg, Thordis, Hamburg: 72.4; Schobel, Ingrid, München: 65.3; Stiftung Warentest, Berlin: 98.1, 125.1; STILL GmbH, Hamburg: 88.2 (Edwards, M.); StockFood GmbH , München: 64.1 (Niklas Thiemann), 74.1 (Lehmann, Joerg); Studio Schmidt-Lohmann, Hannover: 43.1, 81.1; Superbild/Your Photo Today, Taufkirchen: 80.1; Sutor, Karlsruhe: 18.1; Tanja Ripke, Hamburg: 8.1; TopicMedia Service, Ottobrunn: 118.3 (Kerscher); TransFair, Köln: 120.1; ullstein bild, Berlin: 8, 8 groß (Imagebroker.net); Umweltbundesamt, Dessau: 129.2; vario images GmbH & Co. KG, Bonn: 10.1, 13.4, 50.3, 62.2, 106.2; Vegetarierbund e.V., Hannover: 119.2; Visum Foto GmbH, Hamburg: 42.3 (David Ausserhofer/Konzept und Bild), 52.1 (Jens Gyarmaty); Vogt, Andreas , Meschede: 45.3; Werbefotografie Weiss GmbH, Gersthofen: 139.3; Westend 61, München: 42; Westend 61, München: 42 groß (Wolfgang Weinhäupl); Wildlife Bildagentur GmbH, Hamburg: 109.2 (D. Harms).